안 동
문 화
100선
●30

배
영
동 裵永東

국립경국대학교(전 국립안동대학교) 문화유산학전공 교수로 있다. 영남대학교 문화인류학과에서 민속학전공으로 박사학위를 받았고, 미국 인디애나대학교 민속학과 방문학자를 지냈다. 국립안동대학교 민속학연구소장, 박물관장, 인문예술대학장, 민속학과 BK21플러스사업팀장으로 활동했다. 실천민속학회장, 비교민속학회장 직책을 수행했고, 한국박물관학회 부회장이다. 농경문화, 음식문화, 지역문화에 관심을 가지고 연구하고 있다. 논문으로는 「궁중 내농작과 농가 내농작의 의미와 기능」, 「1586년 원이엄마 제작 '머리카락 미투리'의 문화적 의미 해석」, 「미국식 프라이드치킨의 대안음식으로서 안동찜닭」 등 여러 편이 있으며, 저서로는 『농경생활의 문화읽기』, 『안동 허백당 김양진 종가』, 『안동 삼베 연구』(공저), 『고려 공민왕과 임시수도 안동』(공저), 『민속지식의 인문학』(공저) 등 여러 권이 있다.

안동포

글 · 사진
배영동

민속원

안 동 포
安 東 布

차례

01

안동포는
명품 삼베

안동포는 특별한 삼베인가

예부터 직조법은 여성들의 전승 기술이라서 그에 대해 지식인들이 남긴 기록이 매우 드물다. 이렇듯이 길쌈은 구체적인 기록 없이도 여성들의 일상생활로 전승되었다. 특히 삼베는 몇 종류의 직물 가운데 역사가 가장 오래된 직물이고, 가장 광범한 지역에서 생산된 직물이었다. 서기 32년 신라 유리왕 때 한가위에 평가하던 6부의 길쌈대회, 5세기 초에 조성된 평남 덕흥리德興里 고분에 있는 '견우牽牛와 직녀織女' 그림은 직조의 중요성을 말해준다.

안동포安東布는 안동지역을 대표하는 삼베의 한 종류다. 안동에서 대마를 재배하여 삼을 삼아서 짠 삼베라고 해서 모두 안동포라고 하지 않는다. 안동포는 안동에서 재배한 대마로 짠 삼베 가운데 특정한 기술로 삼삼기(대마껍질 즉, 대마피로 실을 만드는 방적紡績 공정)를 하여 짠 '생냉이生布'라는 삼베를 가리킨다.

전국적으로 보면 삼베는 '익냉이熟布'와 '생냉이', '무삼'으로 대별된다. 익냉이는 '익낳이' 즉, '익혀서 낳은 것'이라는 말에서 온 것이다. 여기서 '낳이', 혹은 '낳은 것'이라는 말은 '생산한 것'이란 뜻의 우리말이다. 무엇에 익혔길래 익냉이라고 하였을까? 삼삼기를 마친 삼을 화학원소 K(칼륨, 칼리, 가리 등으로 부름) 성분에 숙성한 것이다. 익냉이는 삼은 삼을 K성분이 많이 들어있는 잿물에 숙성하는데, 이렇게 숙성된 삼으로 짠 삼베는 부드럽고 질기다. 그에 반해 생냉이는 '생낳이' 즉, '생으로 낳은 것'이라는 말에서 온 것이다. 생냉이는 익냉이에 비해서 삼베가 빳빳하고 매끈한 특징이 있다.

여기서 자칫하면 오해하기 쉬운 점이 있다. 모든 대마는 수확한 후 '증기로 쪄서'[蒸熟] 물에 충분히 불려서 대마피를 벗긴다. 즉, 어떤 종류의 삼베든 대마와 대마피를 강한 열에 익히는 공정을 거친다. 이것을 보고 모든 삼베를 익냉이라고 생각하기 쉽고, 생냉이의 존재를 이해하기 어렵다고 생각할 수 있다. 익냉이냐 생냉이냐의 문제는 대마피를 벗긴 후 삼삼기의 방식에 따라 결정된다. 대마피는 내피內皮와 외피外皮로 이루어져 있는데, 내피만이 섬유질이다.

생냉이나 익냉이 모두 대마의 외피를 벗긴 상태에서 삼삼기를 하여 짠 것이지만, 생냉이는 날실은 비벼서 꼬아 삼되, 씨실은 비비지 않고 삼아서 베날기, 베매기, 베짜기를 한 것이다. 반면에 일반 익냉이는 날실과 씨실 모두 삼을 비벼 꼬지 않고 삼은 다음, 물레에 걸어서 꼬이도록 잦는다. 그리고 돌곗에 올려서 실타래를 만든 다음 잿물에 2시간쯤 익힌다. 나중에 돌곗에 실타래를 걸어서 삼을 풀어 광주리에 담아서 베날기, 베매기, 베짜기를 한 것이다.

무삼은 외피를 벗기지 않은 상태로 물에 적신 삼을 비비지 않고 삼삼기를 한 것이다. 삼삼기를 마친 후에 삼실 덩어리(이를 '실떡'이라 부름)를 K성분에 숙성하였다가, 다시 흐르는 물에 담가 흔들면서 외피를 제거한다. '무삼'은 익냉이의 일종이기는 하나 일반 익냉이보다 품질이 좋지 못한 삼베를 가리킨다. '무삼'은 물에 적셔 삼은 삼을 잿물에 익힌 후 물에 씻어 외피를 제거한다. 어원적으로 보면 '물삼'이 '무삼'으로 음운변화가 된 것이다.

금소리 전통빛타래 길쌈마을 안내도

안동포는 안동지역에서 짠 생냉이 삼베를 가리키는 말이니, 안동지역에서 짠 삼베 가운데 고급 삼베라는 뜻이다. 이렇듯이 안동포는 안동지역에서 짠 명품 삼베이다. 다른 지역에 생냉이 삼베가 없는 것은 아니지만 퍽 드물었다. 안동에서 생냉이 삼베가 많이 생산된 배경에 대해서 몇 가지 측면에서 생각할 필요가 있다.

전통적으로 특정 지역에서 특정한 물품을 집중적으로 생산했다면, 크게 세 가지 조건이 부합된 결과로 이해된다. 첫째는 생산과정에 작용하는 자연환경적 조건의 적합성, 둘째는 생산활동에 대한 경제적 조건의 적절성, 셋째는 생산물이 지역의 사회·문화적 특성과 잘 어울리는 조건이라 하겠다. 안동지역에서 유명세를 지닌 채 지속적으로 생산되는 안동포는 위에서 말한 세 측면이 상호작용한 결과이다.

안동포라는 이름은 언제 나왔나

안동포라는 이름은 안동에서 생산한 삼베라는 뜻이다. 전통적으로 삼베는 전국 도처에서 생산하던 직물이었는데, 그 앞에 '안동'이라는 지명이 덧붙은 데 의미가 있다. 안동에서 대마를 재배하여 삼을 삼아서 짠 삼베라는 사실을 전달하되, 생산지인 안동을 강조하기 때문이다. 안동포라는 이름이 생긴 것은 안동에서 생산한 특별한 삼베라는 사실을 드러낸다. 그러면 안동포는 과연 언제부터 안동지역 특산물의 지위를 얻었을까?

『고려사』에는 공민왕 때 안동에서 바치는 공물貢物이 소개되고 있다. 1356년(공민왕 5) 6월에 하교하기를 "충성스러운 자에게 녹봉을 많이 주는 것은 선비를 권면하고자 함이니, 마땅히 담당 관리로 하여금 헤아려서 더 지급하도록 하라. 또 계림(경주)·복주(안동)·경산부(성주)가 바치는 능라주포綾羅紬布는 덕천고德泉庫에 납입하지 말고 광흥창廣興倉으로 옮겨서 백관의 녹봉에 보충하라" 하였다. 능과 라는 직조법을 구분하는 비단이고, 주포는 명주로 이해된다. 그래야 그 이후 문헌 기록과 충돌하지 않는다. 다시 말해서 공민왕 때는 안동에서 능라주포를 공물로 바쳤지만, 삼베가 포함된 것으로 보기가 쉽지 않다.

1486년에 편찬된 『동국여지승람』에 나오는 안동의 토산土産에도 삼베가 없고, 1608년에 편찬된 안동의 인문지리지인 『영가지永嘉誌』에도 '안동포'라는 용어가 나오지 않는다. 다만, 1610년부터 1624년까지 예안현 온계동계溫溪洞契의 「부조부扶助簿」를 보면 초상을 당한 사람에게는 쌀과 함께 생포生布 3필을 부조하고 있다. 17세기 전반에 안동지역에 '생냉이'가 존재했음을 알려준다. 안동지역에서 생산된 '생냉이' 삼베를 분명하게 거론한 것이다.

19세기 전반기에 저술된 서유구의 『임원경제지』 예규지倪圭志 팔역장시八域場市조에는 각 지역의 시장 출하품을 수록하고 있다. 이에 따르면, 안동 장에서는 쌀, 콩, 밀, 보리, 참깨, 박하, 면포, 목화, 모시베, 마포(삼베), 해채(바다 채소), 물고기, 소금, 꿩, 닭, 대추, 밤, 배, 감, 한지, 유기, 철물, 잎담배, 소(송아지 포함)가 풍부하게 난다고 했다. 이 기록에 따르면 삼베는 시장에 나오는 물산 가운데 풍부한

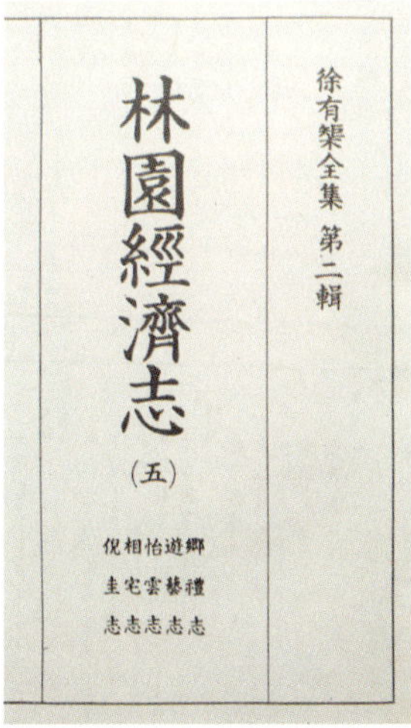

『임원경제지』 예규지

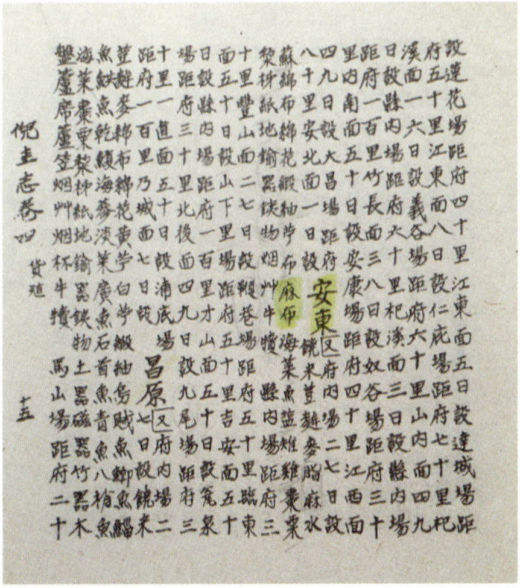
『임원경제지』 예규지 안동시장 출하품

물품 가운데 하나였다. 따라서 당시의 안동 삼베가 우수했다거나 특별히 대량으로 생산되었는지에 대해서는 단언하기 어렵다. 왜냐하면 이 책 팔역장시조를 분석하면, 경상도 59개 지역의 시장 가운데서 41개 지역의 시장에서 마포가 많이 난다고 하기 때문이다.

그나마 『임원경제지』 예규지 팔역물산八域物産조에서 주목되는 것은, 낙동강을 중심으로 하는 경상도 내륙 지역의 사람들은 "예의를 숭상하고 경직耕織에 힘쓴다"고 한 대목과 함경도 지역에 대해 서술하면서 그곳에서 생산되는 통포筒布(대나무 통에 한 필을 넣을 수 있는 고운 삼베)가 유명하다고 한 부분이다. 그리고 "서천·한산·임천 지역은 토질이 모시를 가꾸기에 알맞고 이 모시로 인한 이익이 전국에서 제일이다"라고 하였다. 서유구의 주장에서 알 수 있는 사실은 경상도 내륙 지역과 함경도가 직물생산에 있어서 앞선 지역이라는 점과 함경도의 삼베가 전국에서 가장 유명한 삼베라는 점, 모시는 충청도의 서천·한산·임천 지역의 것이 유명하다는 점이다. 그럼에도 안동지역의 삼베에 대해서는 특별한 언급을 하지 않고 있다. 이로 볼 때 19세기 초기까지는 안동포가 안동지역의 이름난 토산물로 인정받지 못하였음을 알 수 있다.

역사적으로 안동지역이 대마 또는 마포의 생산에서 주목을 받은 기록은 19세기 전반에 등장한다. 1844년(헌종 10)에 한산거사漢山居士가 저술한 것으로 알려지는 『한양가漢陽歌』라는 서울 풍물가사집이 있다. 이 가사에서 육의전六矣廛 베전[布廛] 풍경을 묘사한 가운데 '안동포'가 진열되어 있는 모습이 나온다.

> 베전을 살펴보니 / 각색 마포麻布 들어찼다. / 농포세포農布細布 중산中山치와 / 함흥咸興 오승五升 심의포襈衣布며 / 육진장포六鎭長布 안동포安東布와 / 계추리 해남포海南布와 / 저포 당포 생계추리/ 문포門布 조포造布 영춘포永春布며 / 길주吉州 명천明川 가는 베는 / 바리 안에 드는 베라.

이것이 '안동포'라는 이름으로 표현된 안동삼베에 대한 가장 오래된 기록이다.

서울 육의전의 베전에 함흥 5새 심의포, 육진장포(육진지역의 삼베), 안동포, 해남포, 영춘포(단양군 영춘면 삼베), 길주 · 명천 가는 베(함경도 길주와 명천의 삼베) 등이 진열되었음을 노래한다. 당시 안동포가 전국적으로 이름 있는 삼베였다는 사실을 확인할 수 있는 자료이다.

그리고 1911년 일본인 야마구찌 세이山口 精가 저술한 『조선산업지朝鮮産業誌』(상)에는 특용작물을 경기 · 충청 · 강원도, 함경도, 평안도, 황해도, 경상 · 전라도로 분류하여 소개하고 있다. 이 보고서의 경상 · 전라도의 특용작물 가운데 하나로 대마를 설정하여 놓고, “대마는 각처에서 소량으로 생산하지만, 경상도 안동 부근에서는 그 생산량이 약간 많다고 한다”라고 쓰고 있다. 이 기록에서 역사상 처음으로 안동 지역이 대마의 주산지로 확인되고 있다. 하지만 경기 · 충청 · 강원도편의 특산물로 설정된 대마에 대해서는, “도처에 재배하는 곳이 발견되고 있지만, 오직 성한 곳은 강원도의 회양군 · 이천군(현, 경기 이천) · 양양군, 충청도의 당진군 · 보령군 · 남포군 등이다. 특히 강원도 양양의 대마는 한국 제일의 우량품이라고 말한다.”고 덧붙이고 있다. 따라서 안동의 대마가 전국 제일의 품질이라기보다는 경상도 지역에서 명성이 있었던 셈이다.

그런데 『조선산업지』(중)에서는 직물업을 설명하면서 삼베 가운데 대표적인 것으로 북포北布와 안동포를 별도의 항목으로 설정하여 중요하게 다루고 있다. 그 내용을 보면, 북포 조항에 가서는 “최대 생산지는 함경도이고, 그 다음이 강원도다”라고 하여 북포는 곧 함경도 · 강원도와 같이 한반도의 북부지역에서 생산되는 삼베를 가리키는 말이었다. 안동포 조항에서는 “경상북도는 그 생산지인데, 마포(안동포를 가리킴)가 북포와 종류는 같아도 품질이 약간 고운 것이다”라고 적고 있다.

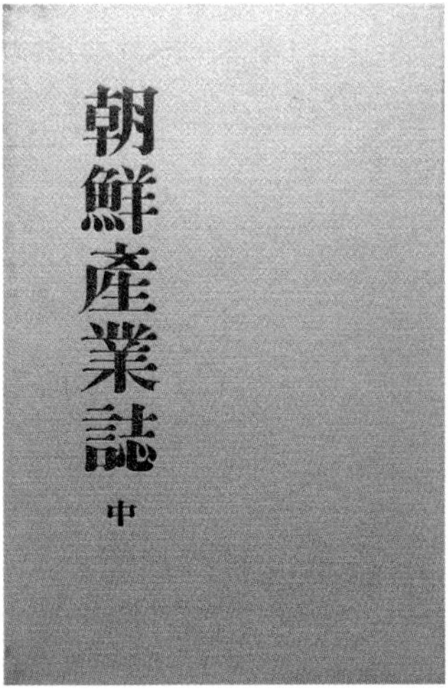

『조선산업지』(중)

이러한 정황으로 볼 때, 안동포는 19세기 전반에 그 명성을 얻게 된 것으로 이해된다. 서유구가 『임원경제지』를 편찬하던 1827년에도 안동포는 그 존재 가치가 부상되지 않았지만, 1844년의 『한양가』에서 안동포가 서울의 육의전에 등장하기 때문이다. 그리고 1911년에 야마구찌 세이가 『조선산업지』를 발간할 당시에는 이미 타지역보다 마포 생산량이 많았고, 품질이 약간 곱다고 평가되고 있었기 때문이다.

02

근현대 안동포의 개량과 명산지

부호가 설립한 안동마포조합

20세기 초반에 안동포가 우월적 가치를 확산한 데에는 일제의 식민통치 아래 가속화된 섬유산업의 발달과 근대적 생산 · 거래 체계의 구축이라는 국가 차원의 사회 · 경제적 변동이 작용하였다. 여기서 주목되는 것은 1913년에 설립된 안동마포조합이다.

1931년에 간행된 『안동군세일반安東郡勢一斑』에 따르면, 안동마포조합에 대해서 "소재지가 동부동이며, 연혁은 대정 2년(1913) 7월 안동마포개량동업조합安東麻布改良同業組合 설치. 동업조합령同業組合令에 저촉되어 대정 9년(1920) 5월 안동마포조합으로 개칭하여 현재에 이름."이라고 밝히고 있다. 이 책에 소개된 안동군내 4개 조합 가운데서 일본인들의 조합이었던 안동학교조합(명치 42, 즉 1909년 설립) 다음으로 설립된 조합이 안동마포개량동업조합이었다.

국담 권태연

일반적으로 서구의 조합은 근대사회가 발전하면서 등장한 것으로서, 자본가와 노동자의 대립구도 속에서 각자의 권익 옹호를 위한 조직이라는 성격을 띤다. 한국에서는 1905년 10월 탁지부령度支部令 제16호에 따라 재산 · 신용이 있는 자로 조합을 구성하여 어음 유통을 장려하도록 하였다. 그 뒤 1912년 3월 일본 민법이 준용되면서 조합이라는 용어가 널리 쓰였다. 당시의 조합은 전근대적 생산체계의 개량과 유통의 집적을 위한 조직이었다.

그러면 안동에서 1913년에 안동마포개량동업조합을 설립한 사람은 누구였던가? 그는 구한말 안동에서 최대의 부호였던 국담菊潭 권태연權台淵(1880~1947)이다. 문중자료에 따르면, 이름난 효자이자 '수 천석꾼'으로 알려진 참봉參奉 권두하權斗夏(1853~1906)의 아들로 태어난 권태연은 재력을 기반으로 하여 가난하고 소외된 계층에게 인심을 베풀었다고 한다.

의정국총무국 관보를 보면 권태연은 1901년(광무 5) 1월 21일에 법부주사서판임관6등法部主事叙判任官六等에 임명되고, 1904년(광무 8) 10월 6일에 정3품 통정대부로서 비원검무관서주임관6등秘苑檢務官叙奏任官六等에 임명되었다. 그밖에도 집안에 전하는 자료에 따르면 중추원의관中樞院議官, 법부참사관法部參事官을 지냈다고 한다. 그는 안동에서 '권참사權參事'로 통했던 인물이었다. 「권태연소유토지대장」을 보면, 1930년대에 그가 소유한 토지(전, 답, 대지)는 안동군 11개면과 의성군 안평면, 그리고 서울에 분포되어 있었는데, 도합 478필지에 288,164.7평이었으며, 그밖에도 안동 일원에 그가 소유하던 임야는 1,369,900평이었다.

가문과 지역사회에 전해오는 권태연의 이력을 보면, 그는 대단한 재력과 사회적 지위를 발판으로 하여 많은 사업을 벌였고, 1934년 수해 때는 쌀 500가마니를 기부했다. 안동의 주요 인물이던 그에게 조선총독부는 1938년에 중추원中樞院 참의參議를 수락하도록 강요했지만, 그는 끝까지 이를 거절하였다고 한다. 더욱이 그는 전협全協 · 최익환崔益煥 등이 조직한 대동단大同團에 거액의 독립운동자금을 제공한 사실이 해방 후에 알려졌다고 한다. 안동부사安東府使를 지낸 후 중국 상해에서 독립운동을 하던 동농東農 김가진金嘉鎭을 통하여 자금을 지원하였다 한다.

권태연이 1913년에 설립한 조합의 이름이 처음에 '안동마포개량동업조합'이었다는 것은 이 조합의 취지와 성격을 가늠하게 한다. 이 조합은 안동지역에서 생산되는 마포를 개량하고자 하는 의도를 띠고 있었던 셈이다. 그러다가 이 조합은 동업조합령에 저촉되어 1920년에 안동마포조합으로 개칭하였다. 언제까지 안동마포조합이 운영되었는지에 대해서는 미상이지만, 이 조합이 안동포의 품질에 미친 영향은 무시될 수 없을 듯하다.

1911년 간행 『조선산업지』(중)에 따르면, 대마의 껍질을 벗기는 방법으로 북포北布는 증열법蒸熱法을 쓰고, 안동포는 침수법浸水法을 쓴다고 하였다. 이 책에 따르면 증열법이란 야외에다 가열장치('삼굿'이라 하며, 삼굿에서 삼을 찌는 것을 '삼굿한다'고 말한다)를 설치하여 대마를 쪄서 겨릅으로부터 대마피를 벗겨내는 방법을 말하고, 침수법이란 그러한 가열장치 없이 대마를 물에 담가 대마피를 벗겨내는 방법이다. 그 당시 침수법이 안동포를 직조하기 위해서 대마피를 얻는 방법으로서 얼마나 일반적이었는지는 확인하기 어렵다. 오늘날 안동에서 삼베길쌈을 하고 있는 할머니들도 젊은 시절에는 '삼굿'을 하지 않고 침수법에 의하여 대마의 대마피를 얻기도 하였다고 한다. 이로 볼 때, 침수법에 의한 삼베길쌈이 일제강점기에 제법 남아 있었음을 알 수 있다.

그러나 증열법과 침수법의 구분이 곧바로 익냉이와 생냉이의 구분으로 등식화되는 것은 아니다. 익냉이로는 5새, 6새, 7새의 거친 삼베를 짜는 정도였으나, 생냉이로는 주로 8새, 9새의 삼베를 짜고 간혹 10새를 짜기도 했다. 결과적으로 생냉이는 양질의 대마를 재료로 하여 섬세한 작업을 하여 짠 고운 삼베였다.

안동지역에서도 '생냉이'와 '익냉이'(무삼 포함)의 구분이 있다는 것은 이 두 가지 길쌈이 모두 존재하였음을 말한다. 안동에서 2010년대까지 길쌈을 하던 할머니들을 상대로 조사해 보면, 익냉이와 생냉이가 공존하다가 1980년대부터 거의 생냉이만 생산하는 쪽으로 변해왔음을 알 수 있다. 즉, 여러 농가에서 대마를 직접 파종하여 삼베를 짜던 1960년대까지는 품질이 좋은 대마로는 생냉이를 생산하고, 품질이 나쁜 대마는 2년 정도 모아두었다가 익냉이를 생산하였다는 것이다. 그러다가 임하면 금소리와 고곡리에서만 거의 한정적으로 대마를 생산하게 된 1980년대 이후에는 거의 생냉이만을 생산하였다고 한다.

과거에 익냉이를 짤 수밖에 없었던 것은 벌레 먹은 대마(이를 '모기집'이 있는 삼이라 함)라든지, 혹은 대마의 줄기가 너무 굵은 것 등으로는 생냉이를 직조할 수 없었기 때문이다. 이렇게 생각하면 대마의 품질이 차츰 향상되고, 길쌈 기술이 발달하면서 익냉이는 쇠퇴하고 생냉이 중심으로 방향 전환을 하였다고 보인다. 생냉이 기술은 안동포의 품질 향상에는 결정적인 작용을 하였기에, 안동포의 명성과 전통을 이해하는 데 매우 중요하다. 하지만, 생냉이는 익냉이에 비해서는 노동력이 훨씬 많이 드는 방식이다. 생냉이가 익냉이보다 품이 더 많이 드는 이유는 삼삼기를 할 때, 무릎에 놓고 비벼야 하기 때문이다. 장기간에 걸쳐 정성과 공을 들여 생냉이를 생산하게 된 데에는 빳빳하고 고운 삼베를 짜야 한다는 사회적 요청이 작용했을 것이다.

근대기에 증가하는 안동포 생산량

1911년 간행 『조선산업지』(하)에는 안동군의 중요한 물산에 대하여, 벼(71,221석 794), 보리(44,950석 680), 소두(7,591석 200), 대두(7,989석 000), 조(46,823석 625), 소가죽(1,200매), 삼베(11,230필), 명주(1,500필)이라고 적고 있다. 이로 볼 때 당시 안동의 삼베가 매우 중요한 특산물로 알려지고 인정되었음을 알 수 있다. 하지만, 전국 최고 품질의 대마 생산지라고 하던 강원도 양양의 삼베는 물론이고, 함경도 여러 지역에서 많이 생산되던 북포의 양도 이 책에 수록되지 않아서 안동 삼베의 생산량이 갖는 전국적 위상을 추산할 방법이 없어서 안타깝다.

그런데 조선총독부 촉탁 젠소 에이스케善生永助가 조사하여 1924년에 발간한 『조선의 시장朝鮮の市場』에는 안동시장이 안동면 동부동과 서부동에 선다고 하면서, 1923년도 시장의 주요 거래물품 통계를 수록하고 있다. 그 내용을 보면 벼(3,000석), 현미(2,000석), 대맥(320석), 소맥(150석), 보리쌀(300석), 대두(1,200석), 소두(20석), 밤(500석), 소(2,000두), 누에고치(250석), 마포(4,500필), 목면(1500필), 석유(3,240관), 성냥(550상자), 식염(3,500포), 면화(66,528근)라 하였다. 단, 이 보고서에는 당시 안동군의 시장으로는 안동장과 풍산장만을 소개하였는데, 풍산장에서는 물품의 종류만 제시하고 출하량을 적지 않고 있다. 당시 안동장에 출하된 마포의 양만 해도 4,500필로서 1910년에 안동군 전역의 마포 생산량(시장 출하량

이 아님)이 11,230필이던 것에 비하면 4배로 증가하고 있다.

다행히 1924년의 자료에 근거하여 1926년에 발간된 『시가지의 상권市街地の商圈』에는 안동군의 특산물과 그 발송처, 수량과 가격 등이 제시되어 있다. 이 보고서는, 마포만을 안동군의 특산물로 소개하였으며, 그 주요 발송처는 대구와 평양이라고 하였고, 총수량은 9,904필이며, 가격은 49,520원이라고 하였다. 이때의 마포 총수량은 안동 전역의 시장에 출하·거래된 것을 말하는데, 1910년의 안동군 전역의 생산량에 육박할 정도로 시장에서 마포가 거래되고 있다. 따라서 1920년대 후반에는 안동지역의 마포 생산량이 많이 증가하였음을 알 수 있다.

역시 젠쇼 에이스케가 조사하여 1927년에 발간한 『조선의 물산朝鮮の物産』에는 각도의 특산물 산출상태에 따라 조사한 결과를 싣고 있다. 당시 안동의 특산품으로는 마포·누에고치·한지·잎담배·대마·면화·면포·소·쌀·보리·콩·땅콩을 들고 있다. 당시의 안동 삼베가 안동의 특산물 가운데서 가장 먼저 언급되고 있다는 것은 다른 지역에 비해서 삼베의 품질이 우수할 뿐만 아니라 생산량도 많다는 뜻이다. 그렇다면 이 시기에는 안동포가 명실공히 생냉이 기술에 의하여 생산되었음을 짐작하게 한다. 그렇지 않고서는 품질의 우수성이 인정되는 특산물로 분류되기 곤란하기 때문이다.

아무튼 1920년대 안동에서 생산되던 삼베가 시장에서 그 거래량도 급증하고 안동의 특산물로 가장 먼저 언급될 정도로 평가되었다는 것은, 뭔가 다른 사회적·정치적·경제적 배경을 깔고 있는 것임을 암시하는 듯하다.

여기서 일제가 시행한 물산공진회物産共進會를 주목하지 않을 수 없다. 일제는 1915년에 총독부 시정施政5주년을 기념한다는 명목으로 경복궁에서 물산공진회를 개최하였다. 물산공진회란 요즈음의 산업박람회와 유사한 것이다. 따라서 당시 한국인들은 자신이 생산한 물품 가운데 품질이 우수한 것을 출품했을 것이다. 경북 안동 남선면 도로동의 권씨 할머니(1886년 생) 경험담은 그의 며느리에게 다음과 같이 전해 온다. "열두 새(12승) 삼베를 짜서 공진회에 갖다 냈다. 얼마나 고운지 한 필(1필은 베자[布尺; 길이 약 55.5cm]로 40자이니, 22.2m)을 말아서 물에 적셔 큰 '옥식기(주둥이가 좁고 배가 부른 주발)'에 구겨 넣으니 그릇 안에 쏙 들어가 버리더라. 한 그릇이 안 차더라. 물에 적셔 놓으니 정말 물거품 같았다." 권씨 할머니가 짠 삼베가 '바리포'였던 것이다. 이 이야기는 각지의 생산품 가운데서 품질이 좋고 솜씨를 발휘할 수 있는 물품을 물산공진회에 출품했다는 사실을 말한다.

그렇다면 물산공진회에 안동포가 출품되었다는 것은 무슨 의미인가? 적어도 안동지역에서는 삼베가 타지역의 것에 비해서 품질이 우수하다는 자신감이 있었다는 뜻이며, 품질을 평가받는 자리에서 비교우위의 경쟁구도 속으로 진입했다는 뜻이다. 그렇다면 삼베를 생산하는 부녀자는 이러한 형식의 경쟁에서 밀리지 않으려는 노력을 적지 않게 할 수밖에 없었던 것이다. 당시 부녀자들은 공출 대상이었던 면화나 무명을 짜는 대신에 공출 대상이 아니었던 삼베를 짜는 데 더 전력하였을 개연성도 높다.

조선총독부 통계연보에 근거하여 1911년부터 1918년까지 전국의 마포생산 추이를 분석한 조승현에 따르면, 마포의 생산은 양적인 면에서 약 2.5배, 생산액에 있어서는 4.2배의 증가를 보였다. 7년 동안 이같이 큰 폭으로 증가한 것은 농촌에 있어서 부업장려라는 일본의 식민지 정책이 큰 역할을 했기 때문이다. 당시의 마포는 산지마다 그 폭이나 길이 또는 품질면에서 서로 차이가 컸고 이 차이가 그대로 가격에 반영되었다. 1911년도 도별 삼베의 생산량과 가격을 비교한 결과를 보면, 경북의 삼베가 가장 품질이 좋았으며 도마다 품질의 편차가 상당했다.

그런데 1918년에 이르면 각도마다 삼베 품질의 편차가 줄어들고 있다. 이는 일제가 9개 지방(공주 · 부산 · 마산 · 진주 · 의령 · 동래 · 합천 · 평양 · 진남포)에 기업전습소機業傳習所를 세워 삼베 품질의 통일화 작업을 하였던 때문으로 이해되기도 한다. 한편 권태억의 연구에 따르면, 기업전습소는 일제가 부업장려책의 일환으로 1907년부터 그것을 설립하기 시작하여 1915년에는 전국에 19개소가 세워졌다. 이들 전습소는 모두 일제 행정당국이 직영한 것은 아니었고, 대개 임시은사금臨時恩賜金 수산사업授産事業에 의한 것은 행정당국이 운영을 담당하고 있었으며, 사설 전습소는 지방비의 보조로 운영되었다고 한다.

기업전습소는 전국 주요 직물 생산지역에 기술지도를 목적으로 설립된 것으로서 직물 조합과 밀접한 관계를 맺고 있었다. 권태억의 연구를 보면 이렇다.

> 전습소와 함께 각지에 관의 장려에 따라 직물관계 조합이 결성되고, 다시 이 조합에 의해 전습소가 운영되기도 하고, 직조소織造所가 세워지기도 하였다. 경북의 경우를 보면, 1912년에는 예로부터 유명한 안동마포의 개량을 목적으로 강습이 행해졌고, 1913년에는 안동마포조합이 결성되었으며, …(중략)… 이들 조합에는 지방비에서 보조금이 지급되어 (1)직물 원료의 구입알선, (2)직물 및 원료사 개량에 필요한 기구 · 기계의 배부 또는 공동구입 알선, (3)기업개량에 관한 실지지도, (4)위탁제직委託製織에 관한 알선, (5)정련精練 · 표백 · 염색에 관한 시설 및 지도, (6)제품검사, (7)시장에서 직물 판매의 통일, (8)강습회 · 품평회 · 경기회 개최 등의 업무를 수행하였다.

이와 같은 기업전습소가 안동에는 설립되지 않았고, 「마포조합」이 설립 · 운영되었던 것이다. 『조선의 물산』에 따르면 "경상북도 안동군에서는 각지의 상인이 생산계절 기간 동안 읍내에 와서 수십 일간 체류하면서, 마포조합의 중개에 의하여 매일 모여드는 생산자에 따라 소요 수량의 마포를 구입하여 대구나 기타 시장에 반출하여 판매한다"고 하였으니, 마포조합이 생산자들의 조합이되 판로를 염두에 둔 것이었다. 안동에 기업전습소가 설립되지 않고 「마포조합」이 설립되었다면, 이는 안동포가 타지로 전파하는 모범적 직조기술이었을 가능성이 높다. 왜냐하면, 1911년도 『조선산업지』에서 삼베가 유명하다고 평가된 지역에는 하나같이 기업전습소가 세워지지 않았기 때문이다.

이를 통하여 일제강점기 안동포의 위상이 짐작될 뿐만 아니라, 일제의 식민정책에 의하여 그 생산량이 증가하였음을 알 수 있다. 일본인 아다치 죠지로足立丈次郎가 편집한 『조선부업지침朝鮮副業指針』에 대해 조승현이 검토한 결과를 보면, 일제는 한국의 노인, 어린이 혹은 부녀자 등의 아주 미미한 노동력마저 착취

2005년 안동포짜기 행사 송천동 배복련, 안동시립박물관 제공

하기 위해 물질적 · 정신적 이익을 거론하면서 부업의 장려에 진력하였다. 그 지침은, 원래 한국인은 오랫동안 부업적 수공업을 해왔으며 특히 부녀자의 세밀한 작업, 예를 들면 재봉 같은 일에는 아주 뛰어나다는 칭찬과 함께 삼베 생산도 그 중의 하나임을 강조하였다. 따라서 일제의 식민통치와 안동포의 생산량 증가는 밀접한 관계를 맺고 있을 듯하다. 물론 그 이전부터 안동포의 유명세가 있었기 때문에 일제강점기 초기에 안동 마포조합이 설립될 수 있었고 또한 장려되기도 했던 것이다.

1930년경 전국적으로 비교적 유명세가 있던 것으로 보이는 수제[手紡] 마포 34종 품질을 여러 측면에서, 일본인 무로타 타케치카室田武隣 등이 측정한 「조선산대마포朝鮮産大麻布 품위시험성적品位試驗成績」을 민길자가 제시하고 있다. 이

자료에 따르면, 1필당 가격으로 볼 때 안동포는 7위로 비싼 삼베였지만, 당시의 삼베는 지역에 따라서 길이 · 폭이 모두 너무 불일치하여 필당 가격은 큰 의미가 없다. 다만, 1평방척平方尺당 중량을 기준으로 할 때 안동포는 6위로 가벼워서 고운 정도를 짐작할 수 있고, 강도를 기준으로 하면 안동포는 보통 정도 수준이다. 더구나 이 자료는 비교 측정한 각지 삼베의 새수[升數]를 밝히지 않아서 상대평가하기가 어렵다. 만일 이 삼베가 당시 그 지역의 최고 수준의 품질이었다면, 안동포는 34종의 품질 가운데서 상위 20% 정도 수준이었다. 그런데도 안동포가 우수하다고 한다면, 안동포에는 다른 지역 삼베와 구별되는 전통이나 진정성이 덧붙어 있었을 가능성이 있다.

안동지역의 안동포 명산지

전국적으로 20세기 중반까지 삼베는 농가마다 자급자족적 방식으로 생산되었다. 20세기 중반부터 공장제 직물과 기성복이 널리 보급되자 가정에서 생산하는 직물은 차츰 쇠퇴하였다. 삼베길쌈이 위축된 20세기 후반부터 지금까지 안동에서는 다른 지역보다 삼베길쌈의 전승력이 상당히 강하다.

안동시 임하면 금소마을은 임하면 고곡리, 서후면 저전리와 대두서리, 북후면 물한리와 옹천리, 풍산읍 수리와 서미리, 안동시 수하동 등과 더불어서 안동에서 삼베길쌈을 가장 왕성하게 한 대표적인 마을이다. 이들 마을의 중요한 특징은 동성同姓마을이라는 점이다. 임하면 금소리와 고곡리는 예천 임씨, 서후면 저전리는 한양 조씨, 풍산읍 수리는 안동 김씨, 서미리는 예천 임씨, 북후면 물한리와 옹천리는 진주 강씨, 수하동은 달성 서씨 동성마을이다. 동성마을이라는 조건은 같은 조상을 모신 혈연집단이라서 서로 간에 동류의식이 강하여 공동 협업노동에 유리하다. 또한 이런 마을 주민들은 전통적으로 생산활동을 중요하게 여기고 실천한 경향이 있다.

금소리 박금화의 안동포짜기 박금화 제공

금소리 전경

1977년에 대마관리법이 시행되어 대마재배를 허가제로 전환한 이후부터 2010년대까지 금소리는 이웃한 고곡리와 더불어서 안동에서 대마의 최대 규모의 재배지이자 거의 유일한 재배지였다. 2010년대에는 서후면 저전리에서도 대마를 재배하고 있지만 금소마을에 미치지 못한다.

금소마을 주민들은 지금까지 대마농사를 지으면서 삼베길쌈을 지속해왔다는 점에서 남다른 의미가 있다. 따라서 이 마을 주민들은 안동지역에서도 금소마을의 삼베가 가장 좋다는 자부심을 가지고 있다. 그들은 스스로 금소마을을 '삼베곳' '길쌈곳'이라고 말한다. 집마다 노소를 가리지 않고, 부녀자들이 부지런히 삼베길쌈을 많이 하는 곳이라는 뜻이다. 20세기까지는 금소마을의 거의 모든 여성들이 삼베길쌈을 했기에 시집온 여성들도 삼베길쌈을 배우고 익혀서 전승하였다.

그렇지만 금소마을에서도 1970년대에 기성복 착용이 일반화되면서 차츰 대마재배 면적과 삼베길쌈도 감소되는 추세에 있었다. 그러다가 무형문화유산보호법에 따라서 1975년에 안동포짜기가 경상북도 무형문화유산 제1호로 지정되었다. 기능보유자로는 배분령(1906~2005) 씨가 인정되었다. 이 무렵부터 금소마을의 안동포 길쌈은 단순히 부녀자들이 삶의 일부로 하던 일이 아니라, 법적으로 인정받은 자랑스러운 무형문화유산으로 공인되어 거듭날 수 있는 계기가 되었다.

안동포 재료인 대마 밀식재배

안동포의 재료는 일반적인 대마가 아니라 양질의 대마라야 한다. 생냉이 안동포를 짜기 위해서는 전통적으로 곁가지가 없고 줄기가 가늘고 키가 큰 대마를 선별하여 사용하였다. 양질의 대마는 삼실이 될 재료인 대마피가 길고 가늘게 찢어져야 삼삼기가 수월하고 고운 삼베를 짤 수 있기 때문이다. 대마에 곁가지가 있는 것, 병이 생겨 대마피에 흠집이 있는 것, 벌레가 대마피를 갉아먹은 듯한 것,

대마의 키가 작아서 대마피의 길이가 짧은 것은 양질의 대마에 들지 못한다.

금소마을이 안동포로 유명할 수 있었던 배경에는 마을주민이 직접 대마농사를 해서 질 좋은 재료를 생산했던 데 있다. 길쌈 솜씨가 뛰어난 여성도 대마의 품질이 나쁘면 고운 삼베를 짤 수 없다. 품질 좋은 안동포를 짜기 위한 우선적인 조건은 대마의 품질에 달린 것이다. 금소마을은 대마재배 기술과 대마재배에 적절한 자연환경이 어우러져 품질 좋은 대마를 생산할 수 있는 조건을 갖추고 있었다.

품질 좋은 대마를 얻기 위해서는 종자가 좋아야 한다. 현재 금소마을 주민들은 대마씨를 강원도에서 매년 구입하여 사용하고 있다. 대마씨를 강원도에서 구입한 것은 대마관리법이 생기면서부터였다. 안동에서 수확한 대마 종자로는 가늘고 키가 큰 대마를 생산하는 데 한계가 있었고, 설령 강원도에서 종자를 구입해서 재배하더라도 2년만 재배하면 퇴화하기에 양질의 대마를 생산할 수 없었기 때문이다.

대마 씨 국가유산청 무형유산기록관

대마씨를 각 가정에서 직접 구매하는 것이 아니라 동안동농협을 통해서 주문한다. 2016년에 대마씨 가격은 17kg에 35만 원으로 1kg당 2만 원가량이었다. 그리고 2008년경부터 마을 주민이 대마씨를 구입하면 구매 가격의 20%를 국가에서 지원해주고 있다.

다른 마을에서는 밭에서 대마를 재배하기도 했지만 금소마을에서는 논에서만 대마농사를 지었다. 논에서 대마를 재배해야 품질 좋은 대마를 얻을 수 있기 때문이라고 한다. 밭에서 키운 대마는 거칠어서 고운 안동포를 짤 수가 없다고 한다. 논에서 재배하더라도 벼가 아닌 다른 작물을 심은 후에 대마 농사를 지으면 밭에서 재배한 것처럼 대마가 뻣뻣해져 고운 안동포를 짤 수가 없다고 한다.

금소마을은 대마농사를 짓기에 적합한 토질을 가지고 있어서 양질의 대마를 생산할 수 있다고 여겨진다. 다른 마을에서도 대마농사를 짓지만 토질의 차이로 인해서 금소마을보다는 대마의 품질이 떨어진다고 생각한다. 이뿐만 아니라 양

대마 추리기 국가유산청 무형유산기록관

대마 밀식재배

질의 대마를 얻기 위해서 금소마을 주민은 밀식密植재배를 하고 있다. 밀식재배법은 대마의 가지가 벌지 않도록 파종간격을 좁혀서 대마를 재배하는 것이다. 이런 대마피라야 고운 안동포를 짤 수 있기 때문이다. 대마는 양력으로 3월 하순쯤 파종해서 하지 무렵인 6월 중하순에 수확한다. 밀식재배를 하면 잡초도 자라기가 어려워 대마는 파종 후 수확 전까지 크게 손쓸 일이 없다고 한다.

대마를 수확하는 것은 거의 남성들의 몫이다. 대마를 베어서 묶은 삼단이 무겁기에 남성이 아니면 운반할 수가 없기 때문이다. 여성들도 삼단을 운반하기 전까지의 일에는 참여하지만 삼단을 운반하는 것은 남성만이 담당한다. 이러한 대마농사의 어려움은 오늘날 대마 재배면적이 감소되는 하나의 요인이다. 2016년에 금소마을에서 대마농사는 10가구 정도밖에 짓지 않았다. 그 이유에 대해서 주민은 다음과 같이 설명한다.

> 지금은 이 대마하는 사람이 적어. 옛날에는 우리 마을에만 해도 반, 거의 (대마를) 안 가는 집이 별로 없었는데 한 백여 집 같았을 건데, 지금은 열 집 정도밖에

안 되는데, 왜 그러냐 하면 젊은 사람들은 이거 해가지고는 수익이 안 올라간단 말이라. 젊은 사람들이 남의 일하면 최하 (하루에) 7~8만원 받는데, 이거 해가지고는 하루에 2만원도 안 치이니까(쳐주니까) 안 하고. 그리고 수의를 할 때에 장의사들이 중국 베로 대체를 해브이(해버리니) 국산이 많이 안 팔랜단(팔린다는) 말이라. 지금 정부에서 농협에서 이 가격을 자꾸 올려줄라고 그는데 수요자가 비싸니께네(비싸니까) 잘 안 산단 말이라. 그래 지금 시세로 봐가지고는 8새 같으면 100만 원 선 가는데, 중국 베는 만약에 1필 같으면 30만 원 한단 말이라. 그러이(그러니) 대중화가 못 되는 거라. 그러이 돈 있는 사람들은 오리지날(original) 사가지고 하지만, 대부분 요새 화장(火葬)하고, 또 경제적으로 살라고 하니까 그렇게 비싼 건 안 한단 말이래. 지금 우리 마을에도 70대 이상 80대만 이거 하지 50대, 60대 알로도(아래로도) 이거 안 해. 60대도 안 한다니까.

- 임완호(남, 79세, 금소리, 2016)

금소마을의 대마농사 규모가 축소된 데에는 내외부적인 요인이 복합되어 있다. 내부적 요인으로는 금소마을 주민의 고령화와 남성 인력의 부족을 들 수 있다. 대마를 수확할 때 무거운 삼단을 운반할 수 있는 남성의 수가 부족해지면서 대마농사 짓기를 그만둔 가구가 늘어났다. 외부적인 요인으로는 값싼 중국산 삼베가 국내에 유통되면서 안동포 판매에 영향을 준다는 점을 들 수 있다. 게다가 젊은 층에서는 다른 환금작물을 기르거나 타인의 농가에서 일하고 품삯을 받는 것이 경제적으로 이득이 되기에 대마농사를 짓지 않으려고 한다.

03

안동포의 직조공정과 전통적 가치

삼굿의 방법과 기술 발달

수확한 대마는 뜨거운 수증기로 찌는 '삼굿하기(삼찌기[大麻蒸熟])' 과정을 거쳐야 대마피를 쉽게 벗길 수 있다. '삼굿'이란 말은 대마를 찌기 위해서 땅에 판 구덩이를 가리키는 '삼구덩이' 혹은 '삼굴'라는 말에서 비롯된 것 같다. 대마를 삼굿에 넣고 수증기로 찌는 것을 "삼굿한다"고 불렀다. 길쌈은 여성이 하지만 그 준비과정인 삼굿은 거의 남성노동으로 이루어진다. 대마를 찌기 위해서는 무거운 삼단을 옮겨야 하기에 남성이 주도할 수밖에 없다. 이러한 삼굿하기는 인력으로만 하던 방식에서 지금은 기계시설을 이용한 방식으로 변화되었다. 변화 과정을 자세히 살펴보면 다음과 같다.

1960년대까지 삼굿하기는 땅에 구덩이를 파서 삼단을 넣은 후 불을 피워 증기로 찌는 방식이었다. 삼굿하기는 많은 노동력을 필요로 하므로 몇몇 농가가 어울려서 공동으로 작업하였다. 삼굿하기의 주요한 작업은 남성이 담당했지만, 여성도 물을 나르거나 큰 힘을 요하지 않는 일을 함께 했다. 그러나 삼을 찌는 구덩이 근처에는 여성이 접근할 수 없다는 금기가 있었다. 여성이 삼굿 근처에 가면 쪄낸 대마의 색이 제대로 나오지 않는다는 것이었다. 이 당시 삼굿에 대한 주민의 설명을 들어보자.

> 아주 옛날에는 그 삼굿을 이래 구덩이를 파가지고 (구덩이의) 반은(반쪽에는) 나무를 넣고, 반은(반쪽에는) 삼을 넣고, 요 복판에다가 돌로 담을 쌓았어. (한 쪽) 여기는 삼단을 이래(이렇게) 넣고, (다른 쪽) 여기는 이래 막 굵은 나무를 여(넣어). 통나무 장작을. 장작 위에는 돌을 많이 올리고, 모래흙으로 덮어. 장작을 넣어둔 곳에 이제 불을 지를 거 아니래(아니냐?). 불을 지르면 나무가 타서 그 위에 쌓아둔 돌이 단다(뜨거워진다) 말이야. (구덩이 전체) 여기 (모래흙으로) 덮어요. 이걸 전부 다 덮어가지고 불을 질러가지고 이 낭기(나무) 다 탔다 싶으면 막 "불이야" 하고 물을 붓는 거라, 여기다가. 그러니까 불을 많이 피워놨으니까 돌이 막 달

았을 거 아니라. 돌이 달아가지고 짐(김)이 이래 돌담으로 나가가지고 (반대편 구덩이의) 삼을 익히는 거야. 아주 옛날에는 이래가(이렇게 해서) 삼굿을 했어.

- 임택진(남, 71세, 금소리, 2016)

마을의 여러 가구가 참여하여 삼굿을 하기 위해서는 ①삼굿 조(7~10가구) 편성, ②아궁이 만들기, ③삼 찌는 솥 만들기, ④불 피워 돌 달구기, ⑤솥에 삼단 쌓기, ⑥아궁이 위에 물 뿌려서 증기로 삼 찌기, ⑦솥 해체하여 삼단 꺼내기의 과정을 거친다.

먼저 강변의 땅에 판 큼직한 구덩이를 좌우 2칸으로 나누어 가운데 돌담을 쌓아 경계벽으로 삼는다. 한쪽은 수증기를 만들기 위한 아궁이 칸이고, 다른 한쪽은 수증기로 익힐 삼단을 쌓는 칸이다. 아궁이 칸에는 땔나무 장작을 가득 쌓고 그 위에 굵은 돌을 잔뜩 올린다. 삼단을 넣을 칸에는 삼단을 눕혀서 가득 쌓고 가마니나 야생 풀로 덮는다. 어떤 칸이든지 구분 없이 전체를 모래흙으로 두툼하게 덮는다. 이 상태에서 땔나무에 불을 붙여 몇 시간 타도록 한다. 땔나무가 다 타서

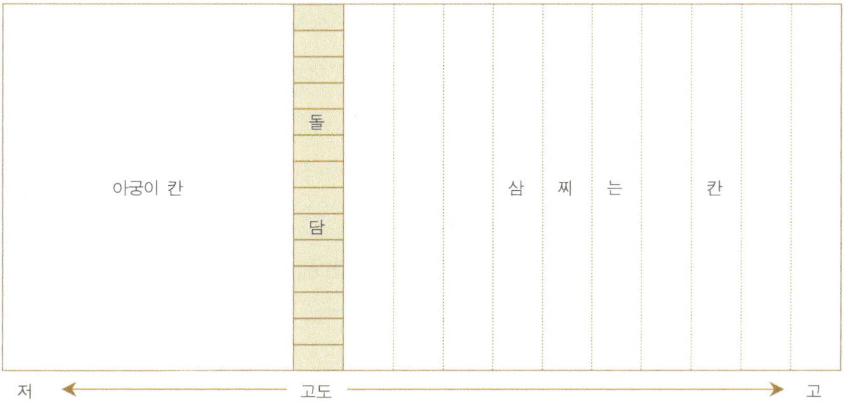

삼굿 평면 약도

범례: 점선은 침목의 설치 방향 (삼단은 침목 위에 쌓음)
아궁이 칸에는 밑에서부터 불쏘시개 나무, 장작, 굵은 돌, 잔돌을 쌓음

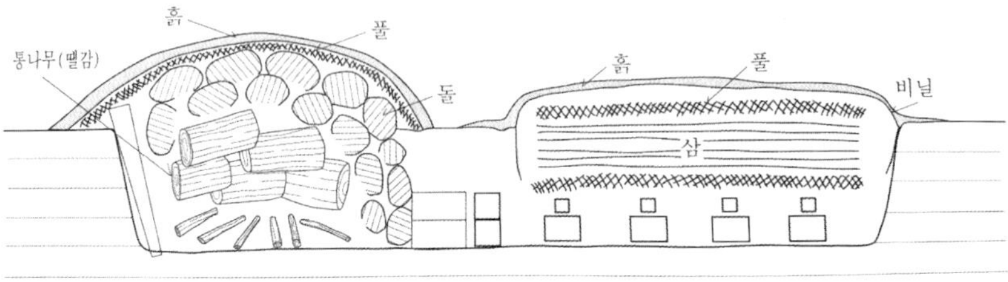

삼굿 단면도 임형진, 「안동포 길쌈 체계의 우수성」, 『안동포짜기』, 안동시, 2019, 96쪽.

돌이 완전히 달구어지면 그 위에 덮인 모래흙 위에 많은 양의 물을 듬뿍 붓는다. 뜨거운 돌이 찬물과 만나서 뜨거운 수증기를 만들고 이 수증기가 돌담을 통하여 삼단을 쌓아둔 칸으로 계속 이동하여 삼을 수증기로 익히게 된다.

전통적인 삼굿을 하기 위해서는 다량의 물이 필요하기에 금소마을 앞에 흐르는 강가에 주로 삼굿을 할 구덩이를 팠다. 삼굿을 하기 위해서는 땅에 구덩이를 깊게 파야 하기에 많은 노동력이 필요했다. 게다가 수증기를 만들기 위해서 강물을 계속 퍼다가 붓는 데도 많은 인력이 필요했다. 익히지 않은 생삼 1단의 무게도 60kg 이상이니(말린 삼단의 경우에는 12kg 정도) 삼단을 가지런히 적재하고 꺼내는 데도 많은 힘이 든다. 그러므로 전통적 삼굿하기는 대마를 재배한 여러 농가가 함께 협력하여 일했다. 대개 7~10호가량이 삼굿하는 단위가 되었다. 여러 농가의 삼단이 하나의 삼굿에 들어가니 농가마다 삼단에다가 다른 표시를 하였다.

1970년대부터는 사각통 모양으로 주문 제작한 철제 솥에 물을 붓고 그 위에 삼단을 적재하여 삼을 찌기 시작하였다. 이 방식은 강변에 가서 구덩이를 파지 않아도 된다는 점에서 그 이전보다 노동력을 많이 절감할 수 있었고, 개인단위로 삼굿을 할 수 있게 되었다. 그러나 땔감을 구하거나 삼단을 운반하는 일 등은 함께 하는 것이 능률적이기에 여전히 여러 농가가 공동으로 삼굿을 하는 방식이 지속되었다. 개인단위로 삼굿을 할 경우에는 20~30단 정도의 삼을 찔 수 있는 소형 철제 솥을 썼고, 공동으로 삼굿을 할 경우에는 60~70단 정도의 삼을 찔 수 있는 대형 철제 솥을 사용하였다. 철제 솥에는 물을 많이 붓고 불을 때면 수증기가 올

라오도록 하여 삼을 찌는 방식이므로, 솥의 상단에 굵은 각목으로 삼단을 올릴 받침대를 솥보다 훨씬 넓게 만들어서 걸치고 위에 삼단을 수십 단씩 적재하였다. 삼단을 적재할 때는 사다리를 타고 올라가서 일했다. 그리고 넓은 비닐로 삼단을 덮어서 수증기가 빠져나가는 것을 막았다. 철제 솥은 규모가 크기 때문에 아궁이에 불을 땔 때는 양쪽에서 동시에 때서 물이 빨리 끓도록 하였다.

표 1. 철제 솥의 규모와 용도

	가로	세로	높이	적재 삼단	용도
대형 솥	약 3m	약 4m	약 2m	60~70단	공동용
소형 솥	약 1.5m	약 2m	약 1m	20~30단	개인용

삼 찌는 철제 솥 임하면 고곡리, 2002년 촬영

기계식 보일러 스팀 삼굿 국가유산청 무형유산기록관

1990년대부터는 마을기금으로 설치한 기계식 보일러를 이용해 삼단을 찌기 시작했다. 기름보일러를 사용하므로 땔나무를 구하는 수고를 덜게 되었다. 삼단을 찌기 위해서는 무거운 삼단을 쉽게 운반하는 기중기 시설도 갖추었다. 간단한 형식으로 만든 철제 통에 삼단을 쌓아놓으면, 기중기로 들어서 운반하였다. 이는 철제 솥에 삼단을 넣기 위해서 사람이 직접 사다리를 타고 올라가야 했던 이전 방식의 난점을 개선한 것이다. 이 시설은 금소마을뿐만 아니라 인근에 있는 고곡마을에서도 함께 사용했다.

2000년대 후반에는 정부의 지원금을 받아서 금소2리 마을회관 뒤편에 삼단을 찌는 기계식 보일러 스팀 시설을 새로 만들었다. 그 이전의 보일러 스팀 시설은 측면에서 가열된 수증기가 나왔지만, 새로 만든 보일러 시설은 바닥에서 가열된 수증기가 나오는 방식이다. 따라서 지금까지 삼단을 눕혀서 찌던 방식에서 세워서 찌는 방식으로 바꾼 것이다. 이것은 가열된 수증기가 대마 사이로 골고루 들어갈 수 있어서 찌는 효과가 더 좋다. 삼단을 세워서 쌓으면 눕혀서 쌓을 때처럼 삼단을 높이 들어 올릴 필요가 없어서 일하기도 쉬워졌다.

안동포 길쌈의 전승과 기능보유자

한국의 의생활은 산업화, 서구화와 더불어서 전반적인 변화를 겪었다. 이와 더불어 한국의 재래 직물인 삼베도 그 가치와 의미가 달라졌다. 한국 사회의 변화와 더불어 금소마을의 삼베길쌈이 어떻게 전승되었으며, 삼베옷의 위상은 어떻게 달라졌는지에 대해 살펴보자.

1960년대까지는 대다수 안동지역 마을의 주민들은 대마농사를 지어서 삼베길쌈을 하였다. 그러나 1970년대부터 기성복이 일반화되면서 여름철 옷감으로서 안동포의 사용가치는 크게 떨어졌다. 게다가 삼베길쌈을 해서 판매하더라도 다른 농산물과 비교했을 때 교환가치도 크지 않은 편이었다. 이러한 사회적 변화에 따라 안동지역의 삼베길쌈 전승이 크게 약화하였고, 대마농사를 하며 직접 삼베길쌈을 하는 마을의 수도 크게 줄어들었다. 이 시기부터는 금소마을처럼 상대적으로 삼베길쌈의 전통이 강했던 일부 마을에서만 한정적으로 길쌈이 전승되었다.

1970년대 후반에 이르면 안동포는 다시 가치를 찾기 시작한다. 전통적인 직물로서 안동포는 희소가치와 교환가치도 증가하게 된다. 특히 안동지역은 유교적 의례 전통이 강하게 지속되었던 만큼 다른 지역보다 안동포로 된 의례복이 사용되는 편이었다. 또한 문화재 관리와 보호 정책, 행정당국의 지역경제 활성화 대책 등을 배경으로 안동포 길쌈은 새롭게 주목받았다. 그러한 배경을 바탕으로 1975년에는 금소마을의 배분령(1906~2005) 씨가 경상북도 무형문화재 제1호 안동포 짜기 기능보유자로 인정되었다.

전국적으로 삼베길쌈이 약화된 1970년대 중반부터 안동지역에서는 익냉이보다 고급삼베인 생냉이를 중점적으로 생산함으로써 그 가치를 재창조하였다. 안동포는 한국의 전통적인 직물로서 기성복보다도 더 고급스런 옷감으로 그 가치를 인정받게 되었다. 안동포의 중심적인 생산지로서 금소마을은 2000년대에도 여러 사람이 안동포 길쌈을 왕성하게 해왔다.

그래서 2004년에 김점호(1928~2016) 씨, 박봉금(1933~2016) 씨가 추가로 안동포짜기 기능보유자로 인정되었다. 2016년 가을 현재 안동포 짜기 1세대 기능보유자 3인은 모두 작고한 상태이며, 첫 번째 기능보유자 배분령 씨의 며느리 우복인(1932년생) 씨만 안동포짜기 기능보유자 자격을 승계하여 활동하고 있다. 2018년 10월에는 권연이(1943~2024)씨가 경북 무형문화유산 안동포짜기 기능보유자로 인정되었다. 권연이 보유자는 안동포짜기 최초 기능보유자였던 배분령씨의 제자였다. 2025년에는 정복영 씨가 안동포짜기 기능보유자로 인정받았다.

무형문화유산 안동포짜기 기능보유자

기능보유자 정복영의 삼째기

기능보유자 김점호 직조 안동포(10새)

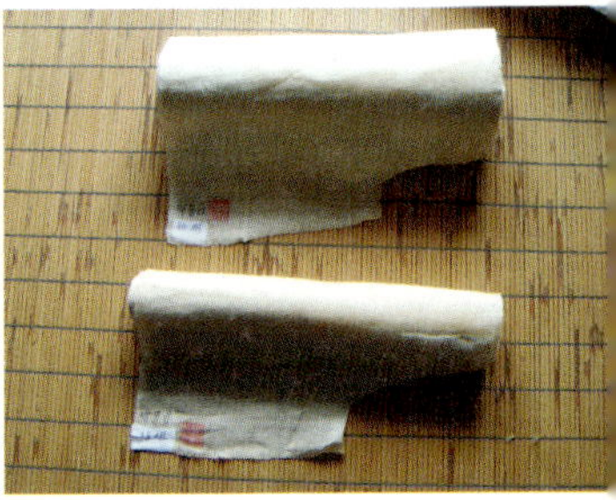

기능보유자 박봉금 직조 안동포(14새, 15새)

기능보유자 권연
직조 안동포

2015년도 안동포 길쌈의 전승 상황을 파악하기 위해서 금소마을 주민 12인을 대상으로 조사한 결과는 다음 표와 같다.

표 2. 2015년 금소마을 주민 12인이 짠 삼베 종류와 물량

성명(성별, 2016년 나이)	생산한 삼베의 종류와 양
김점호(여, 91세, 안동포짜기 기능보유자)	1필(10~15새) *2016년 작고, 간접 조사
우복인(여, 86세, 안동포짜기 기능보유자)	3필(7새)
박순자(여, 74세, 안동포짜기 이수자)	4필(7새)
권연이(여, 74세, 안동포짜기 이수자)	2필(9새), 2필(7새), 2필(무삼 5새)
정복영(여, 76세, 안동포짜기 전수교육조교)	2필 28자(9새)
고갑연(여, 68세, 안동포짜기 이수자)	2015년에는 삼베길쌈을 하지 않음. 보통은 연간 2필(9새) 정도를 짬.
권분점(여, 83세)	5필(8새)
조학순(여, 66세)	시력 저하로 2014~2015년에는 삼베길쌈을 하지 않음. 이전에는 연간 2필(7새) 정도를 짬.
김길영(여, 73세)	4필(7새)을 다른 사람에게 맡겨서 짬. 이전에는 7~8새 짜다가 아파서 몇 년간 남에게 맡김.
강귀남(여, 84세)	5필(8새)을 다른 사람에게 맡겨서 짬.
이점례(여, 67세)	2필(8새)
권춘녀(여, 78세)	다른 사람의 삼베를 10~20필(7~8새) 가량 짜는데, 금소마을 이외의 것도 포함되어 있음. 자신의 것은 주로 10필 미만(7새)을 짬.

배영동, 「안동포 길쌈과 삼베옷의 위상」, 『전통과 조화의 큰 마을 금소』, 성심, 2016, 32쪽.

권춘녀 씨의 베날기 한 삼(13필 분량)

이 표를 보면 대부분이 고령이라 젊을 적보다는 소량의 안동포를 직조하고 있다. 다만, 권연이 씨는 연간 6필을 짜고 있어서 직조량이 많고, 대개는 2~4필 정도를 짠다. 특이한 점은 권춘녀 씨와 같이 삼베길쌈의 다른 공정은 타인에게 의뢰하고 전문적으로 베짜기를 하는 사람이 있다는 점이다. 그는 자신의 삼베 10필 미만에다가 타인의 삼베를 10~20필까지 짜고 있으니, 연간 20~30필의 삼베를 짜고 있다.

2016년도 금소마을의 안동포 길쌈은 주로 60대 이상의 여성들이 중심이 되어 이루어지고 있다. 가장 많이 생산하는 안동포는 기술적으로 직조하기에 적당하고, 판매가격도 무난하다고 평가되는 7~8새이다. 안동포는 7새 이상 되어야 1필의 판매가격이 100만 원을 넘는다고 한다. 9새 이상의 안동포는 고운 품질만큼이나 직조하기도 어려워서 간혹 몇몇 여성들만 생산할 뿐이다. 반면에 6새 이하의 안동포는 판매가격이 낮아서 일반적으로 거의 짜지 않는다. 안동포의 판매가격은 직조과정에 소요되는 노동력과 경비를 제외하면 크게 비싼 것은 아니다. 금소마을에서 안동포 직조과정에 소요되는 경비와 인건비를 8새 1필 생산을 기준으로 정리하면 〈표 3〉과 같다.

표 3. 2016년 안동포 길쌈 소요 경비(8새 1필 기준)

항목	소요액(천원)	산출 근거	비고
삼 재료비	165	생삼 1단당 110천원×1.5단	마른 삼 3근=생삼 1.5단
삼 훑고 째기	120	삼 1근당 40천원×3근	
삼삼기	400	날실 2근×150천원, 씨실 1근×100천원	
베날기	30	1필당 3인×10천원	
베매기	100	8~10새 1필당 100천원	6~7새 1필당 80천원
베짜기	200	8새 1필당 200천원	6새 1필당 160천원 7새 1필당 170천원
상괴내기	50	새수 상관없이 1필당 50천원	
합계	1,065		

배영동, 「안동포 길쌈과 삼베옷의 위상」, 『전통과 조화의 큰 마을 금소』, 성심, 2016, 327쪽.

〈표 3〉에서 알 수 있듯이 안동포 8새 1필을 직조할 때 자신이 직접 하지 않으면 순수익은 거의 없다. 안동포 8새 1필의 판매가격이 100만원을 조금 넘는 수준이기에 특히 경비가 가장 많이 드는 삼삼기(40만원)나 베짜기(20만원)를 직접 해야

만 그나마 수익을 올릴 수 있다. 하지만 이것조차도 자신의 인건비를 고려하면 상대적으로 다른 일을 하는 것보다 수익이 보잘것없이 적다. 2016년도에도 다른 농가에서 농사일을 하면 일당으로 7만원 이상을 받는데, 안동포 길쌈에 들이는 시간과 노동력을 계산하면 그러한 품값에 훨씬 미치지 못한다. 이에 대해 안동포 길쌈을 배우고 있는 임능부 씨가 아래와 같이 설명하고 있다.

> 삼베길쌈을 하루 종일 해도 500원 어치를 못한데. 지금 나가면 일당이 할매들 아무리 안 돼도 사과밭에 가면 7만 원씩 다 받고 하는데. 그래 밥 주고 하면 10만 원인데. 여기 동네에서는, 요새는 전통을 많이 선호하잖아요. 맥을 잇는 거, 장인 정신 이런 거. 이거 계속 이렇게 한 집에서라도 그게 이어져야 되는데, 그 맥이 다 끊어지니까. 안타까워요.
>
> - 임능부(여, 65세, 금소리, 2016)

예사 농촌마을처럼 금소마을도 고령화되면서 기존에 안동포 길쌈을 했던 여성들이 한두 명씩 일손을 놓고 있다. 때로는 삼삼기처럼 직접 할 수는 있는 부분만 자신이 하고, 베짜기는 다른 사람에게 맡겨서 한다. <표 2>에 나오는 권춘녀 씨가 금소마을에서 다른 사람의 안동포를 짜주고 돈을 받는 임노동을 하고 있다. 2015년도에 대부분 가구에서는 연간 안동포 5필 이상은 짜지를 못하고 있는데, 권춘녀 씨는 안동포를 20필 가까이 짰다고 한다. 반면에 권춘녀 씨 자신은 베짜기 공정 이외의 일은 다른 사람에게 대부분 위탁하여 처리하고 있다.

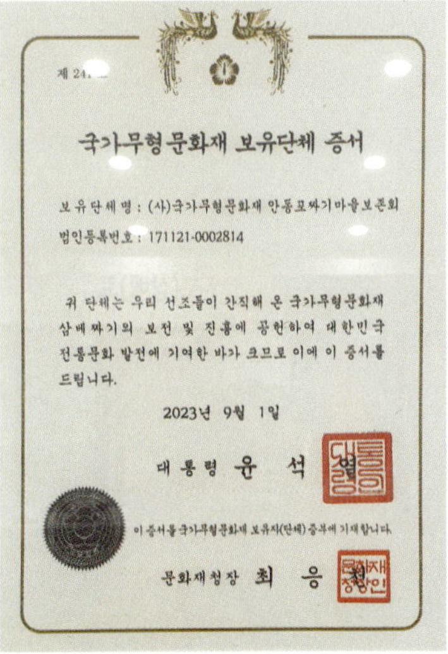

국가무형문화유산보유단체 증서

안동포짜기마을보존회 전수교육관

2025년 현재 경제성 감소와 고령화로 인하여 안동포 생산량은 급격히 줄어들었다. 현재 안동포짜기 관련 공식 인력 현황을 보면, '안동포짜기마을보존회'(회장, 사무국장, 교육사, 이수자 3명, 교육생 3명 등), 경상북도 무형문화유산 기능보유자 2명(우복인, 정복영), 전수조교 2명(조경숙, 박순자), 이수자 12명(2024년 말 기준), 전수장학생 7명이 안동포짜기를 제도적으로 전승하고 있다.

2019년 12월 국가유산청의 「새소식」을 보면 '삼베짜기'를 단체 종목의 국가무형문화유산으로 지정하고, 국가무형문화유산 안동포짜기마을보존회를 보유단체로 인정하였다. 지정의 근거에 대해서는 이렇게 설명한다.

> 이번에 인정된 보유단체가 속한 경북 안동지방에서 생산하는 안동포는 조선시대 궁중 진상품이었으며 지방특산물로 널리 알려져 있다. 국가유산청은 삼베짜기의 높은 역사성, 예술성, 대표성 등을 고려하여 국가무형문화유산 신규 종목으로 지정하였다. 삼베는 예부터 개인이 아닌 마을 사람들의 협업으로 생산되고 후대로 전승된 집단적 기술이기에 특정 보유자는 인정하지 않고, 보유자 없는 보유단체를 인정하였다.

이로써 전통 옷감 짜기 분야의 국가무형문화유산으로는 1967년 '한산모시짜기', 1969년 '나주의 샛골나이', 1988년 '명주짜기'가 지정되었고, 2019년에 안동포짜기가 지정되었다. 나주의 샛골나이는 무명베짜기이므로, 우리나라의 전통적 직물이었던 삼베, 모시, 무명베, 명주 4종이 모두 국가무형문화유산이 되었다. 삼베는 전통직물 가운데 가장 오랜 역사를 가지고 가장 광범하게 직조된 직물이었는데, 안동포짜기가 가장 늦게 국가무형문화유산으로 지정되었다.

안동포 직조공정과 특징

안동포 짜기를 위해서는 여러 공정을 거쳐야 한다. ①대마 재배와 수확, ②대마 찌기(현대식 삼굿하기), ③대마껍질(대마피) 벗기기, ④대마 겉껍질(외피) 벗기기, ⑤삼 바래기, ⑥삼째기, ⑦삼삼기, ⑧베날기, ⑨베매기, ⑩베짜기, ⑪상괴하기(염색) 등이다. 참고로 익냉이를 직조하려면 생냉이보다 공정이 더 많다.

대마껍질 벗기기 국가유산청 무형유산기록관

대마 겉껍질 훑기

삼(계추리) 바래기

삼째기 국가유산청 무형유산기록관

삼째기 국가유산청 무형유산기록관

①과 ②에 대해서는 앞서 설명하였다. **③대마껍질 벗기기**는 삼굿을 하여 대마를 찐 다음 대마의 목질부로부터 섬유질이 함유된 껍질을 손으로 분리하는 것이다. **④대마 겉껍질(외피) 벗기기**는 대마피에서 섬유질이 있는 속껍질을 얻기 위해서 섬유질이 없는 겉껍질을 삼톱으로 훑어내는 작업이다. **⑤삼 바래기**는 대마피의 속껍질(이것을 '계추리', '제추리', '지추리'라고 부름)을 질기도록 하기 위해서 빨래줄에 걸어서 햇볕을 쪼이는 작업이다. **⑥삼째기**는 계추리를 물에 적신 후, 대마 수확 시 절단면을 삼톱으로 짓이겨서 손톱으로 가늘게 찢는 것이다. 이때 빗으로 대마피를 빗기기도 한다.

⑦삼삼기는 가늘게 찢어진 대마피를 한 올 한 올 길게 잇는 작업이다. 대마의 키가 삼올 하나의 길이가 되니, 하나씩 이어야만 길이가 긴 실이 된다. 삼올을 하나씩 잇는 방법이 삼삼기의 가장 가장 중요한 기술이다. 그 방법은 '매내삼기'와 '곱비벼삼기'라는 말로 구분된다.

매내삼기는 ㉠'매'를 만들어서 즉, 삼올의 끝을 Y자 형태로 찢어서 ㉡Y자로 벌어진 사이에 연결하고자 하는 다른 삼올을 끼워서 Y자 형태 가운데서 V자형의 한쪽 실과 비벼 삼은 후 ㉢남은 V자형의 한쪽 실과 다시 비벼 삼아서 2개의 삼올을 연결하는 방법이다. 곱비벼삼기는 ㉠연결하고자 하는 2개의 삼올의 끝을 같은 방향으로 맞추고, ㉡연결하고자 하는 2개 삼올의 끝을 90도로 꺾어서 서로 비벼 삼고 ㉢ 비벼 삼은 부분을 삼올 방향으로 접어서 다시 비벼 삼는 방법이다. 매내삼기는 삼을 야무지게 삼는 법이고, 곱비벼삼기는 그보다 쉽게 삼는 법이다. 대개 날실은 매내삼기를 하고, 씨실은 곱비벼 삼기를 한다.

씨실꾸리 베기 국가유산청 무형유산기록관

매내삼기 국가유산청 무형유산기록관

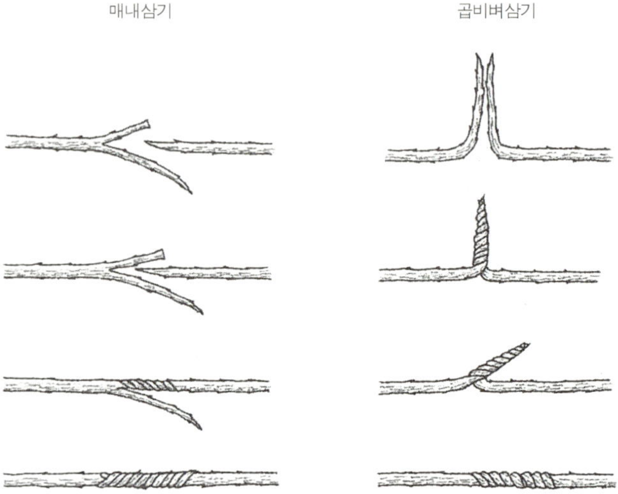

매내삼기, 곱비벼삼기
박광숙, 「안동 삼베 직조과정의 특성」, 『안동 삼베 연구』, 안동대학교박물관, 2002, 94쪽.

안동포 길쌈 기능인 양성교육의 삼삼기

삼삼기 공개행사(2022년)

기능보유자 김점호의 삼광주리

안동포인 생냉이와 안동포가 아닌 익냉이는 삼삼기에서 차이가 있다. 가장 큰 차이점은 삼삼기를 한 후에 잿물의 K(칼리) 성분으로 삼을 숙성하는 공정이 있느냐 없느냐 하는 것이다. 또한 삼삼기를 할 때 생냉이는 날실을 비벼서 꼬아 삼지만, 익냉이는 날실과 씨실 모두 비비지 않고 삼는다. 익냉이는 삼삼을 때 비벼 꼬지 않기에, 생냉이에 비해서 물레질을 하여 삼을 꼬아서 튼튼하게 만드는 공정이 추가된다.

잿물에 익힌 익냉이는 별도로 염색을 하지 않아도 미색을 띤다. 그러나 생냉이는 직조한 후에 잿물에 넣어서 누르스름하게 염색하는 '상괴'의 과정을 거친다. 익냉이는 '일반 익냉이'와 '무삼'으로 나눌 수 있다. '일반 익냉이'는 외피를 벗긴 마른 삼을 비지지 않고 삼으며, '무삼'은 물에 적신 삼을 삼고 잿물에 익힌 후 물에 씻어 외피를 벗긴다. 안동지역 삼베의 종류별 생산 공정 차이를 정리하면 <표 4>와 같다.

표 4. 안동지역 삼베의 종류별 생산 공정

종류 공정		생 냉 이[生布]	익 냉 이[熟布]	
			일반 익냉이	무 삼
1	껍질 벗기기	대마 껍질을 손으로 벗김	왼쪽과 같음	왼쪽과 같음
2	겉껍질 벗기기(훑기)	겉껍질外皮을 삼톱으로 훑어서 벗김	왼쪽과 같음	×
3	삼 바래기	햇볕에 삼을 바램	보통 바래지 않으나 바래기도 함	×
4	삼째기	삼을 손톱으로 쪼개어 찢음	왼쪽과 같음	왼쪽과 같음
5	삼삼기	마른 삼을 이용하여 날실經絲은 허벅지에 대고 비벼 꼬아서 삼음. 단, 씨실緯絲은 그냥 삼음.	날실과 씨실 모두 마른 삼을 비비지 않고 그냥 삼음.	날실과 씨실 모두 물에 적신 삼을 비비지 않고 그냥 삼음.
6	물레질	×	실이 꼬이도록 물레에 걸어서 자음	왼쪽과 같음
7	'돌겻'에 올려 실타래 만들기	×	돌겻에 올려 실타래를 만듦	왼쪽과 같음
8	잿물에 익혀 띄우기	×	잿물에 2시간쯤 익힘	왼쪽과 같음
			따뜻한 방에 1일간 띄워서 색을 냄	왼쪽과 같음

9	겉껍질 벗기기	×	×	물에 씻어 겉껍질 벗김
10	물에 담그어 잿물 빼기	×	물에 담그어 우려서 잿물을 뺌	왼쪽과 같음
11	삼 말리기	×	햇볕에 삼을 말림	왼쪽과 같음
12	'돌곗'에 걸어 실타래 풀기	×	돌곗에 실타래를 걸어서 삼을 풀어 광주리에 담음	왼쪽과 같음
13	베날기	베의 길이와 새수[升數]를 결정하고 날실을 바디에 뀀	왼쪽과 같음	왼쪽과 같음
14	베매기	풀칠을 하여 도투마리에 감음	왼쪽과 같음	왼쪽과 같음
15	베짜기	베틀에 올려 베를 짬	왼쪽과 같음	왼쪽과 같음
16	'상괴'하기 (염색)	반드시 상괴를 함	상괴를 해도 되고 안 해도 무방함	일반적으로 상괴를 함

배영동, 「안동포 생산과 소비의 전통과 현대적 의미」, 『한국민속학』 37, 한국민속학회, 2003, 74쪽.

생산 공정만 보면 생냉이보다 익냉이의 작업과정이 더 복잡해 보이지만 실제로는 그렇지 않다. 익냉이는 삼실을 만들기 위해 물레질, 돌곗으로 실타래 만들기, 잿물에 삶기, 돌곗으로 실타래 풀기 등과 같은 번거로운 공정을 더 거치긴 하지만, 그 이외의 과정이 생냉이보다 단순하다. 생냉이는 특히 삼째기와 삼삼기 과정에서 많은 시간을 투자하고 정성을 기울여야 한다.

그럼에도 안동지역에서 생냉이 위주로 생산한 데는 이유가 있다. 첫째, 생냉이의 경우 가장 어렵고 고단한 삼삼기가 거의 대부분 실내 작업으로 진행되니 전통적인 여성문화와 잘 어울리기 때문이다. 둘째, 일반소비자들이 대부분 생냉이를 찾고 또한 생냉이가 익냉이보다 고가이기 때문이다.

생냉이 삼삼기는 따분한 일이었기에, 전통적으로 여러 부녀자들이 모여서 삼는 '둘게삼', 혹은 '삼둘게'로 진행되었다. '둘게삼'이니 '삼둘게'니 하는 것은 마을에서 농한기를 이용하여, 서로 돌아가면서 하루 한 사람씩의 삼을 삼아 주는 두레의 일종이었다. 보통 '둘게꾼(두레꾼)'의 수는 5~10명 정도였다. 삼을 잘 삼는 사람과 그렇지 못한 사람의 능력 차이를 인정하여 형평성을 유지하는 가운데 이루어졌다. 즉, 한 부녀자가 짼 삼을, '둘게꾼'이 하루 동안 삼을 수 있을 정도로 여러 개의 '가리(째놓은 삼 뭉치)'를 가지고 와서 공평하게 나눠주면, '둘게꾼'은 그것을 삼아서 삼 주인에게 넘겨주고, 할당량을 마무리한 후에는 각자 자신이 갖고 온 삼을 삼는 형태였다.

둘게삼 삼기를 하면 '둘게꾼' 서로 간에 경쟁이 될 뿐만 아니라, 다른 일에도 구속을 적게 받고, 함께 삼을 삼으면서 이런저런 이야기를 나눌 수 있어서 지루한 줄 모른다고 한다. 결과적으로 혼자서 삼는 것보다 여러 명의 '둘게꾼'이 합심하여 삼으면, 노동생산성도 높아진다. 안동지역 농업노동에 '두레'라는 말이 없지만, 여성들의 '둘게삼'과 '삼둘게'에 그 흔적을 남기고 있다.

여성들은 삼을 손톱으로 째고 한 올씩 잇기를 반복해서 안동포를 짤 날실과 씨실을 만들었다. 삼째기를 하기 위해서는 엄지손톱 관리를 잘 해야 하고, 무릎 위에서 삼을 비비는 삼삼기를 수월하게 하는 방법도 등장했다.

> 세월이 좋아가지고 1990년대에 고무판이 생겼지. 옛날에는 막 살(무릎 위)에 비벼가지고(비벼서) 찬바람에 터져가지고 피가 철철 나고. 입도 여기 째져서(찢어져서) 피나고. 요새는 그래도 저래(고무판 사용) 하지만 옛날에는 다 이래 무르팍(무릎)이 벌겋도록 이래 했어. …(중략)… 입도 다 베였어. 입은 예주로(모조리) 다 베여. 된장을, 밥을 먹을 때 간을 떠 넣으면 혀가 다 따가워.
>
> - 권연이(여, 74세, 경북무형문화유산 안동포짜기 이수자, 2016)

이 이야기처럼 여성들은 자신의 신체를 도구 삼아 삼째기와 삼삼기를 했다. 여성들은 삼째기를 하기 위해서 부끄러울 정도로 엄지손톱을 길렀고, 자신의 허벅지에 삼을 비벼서 삼삼기를 하느라 피멍이 들기도 했다. 또한 날실을 잇기 위해 삼을 입에 넣어서 침을 바르느라 입 주변이 베이고 헤어지기 일쑤였다. 1990년대에는 허벅지에 고무판을 받쳐서 그곳에 날실을 비벼 꼬아서 만들도록 개선된 방법이 나왔다. 그러나 고무판을 사용하지 않고 예전처럼 삼삼기를 하는 여성들도 있다.

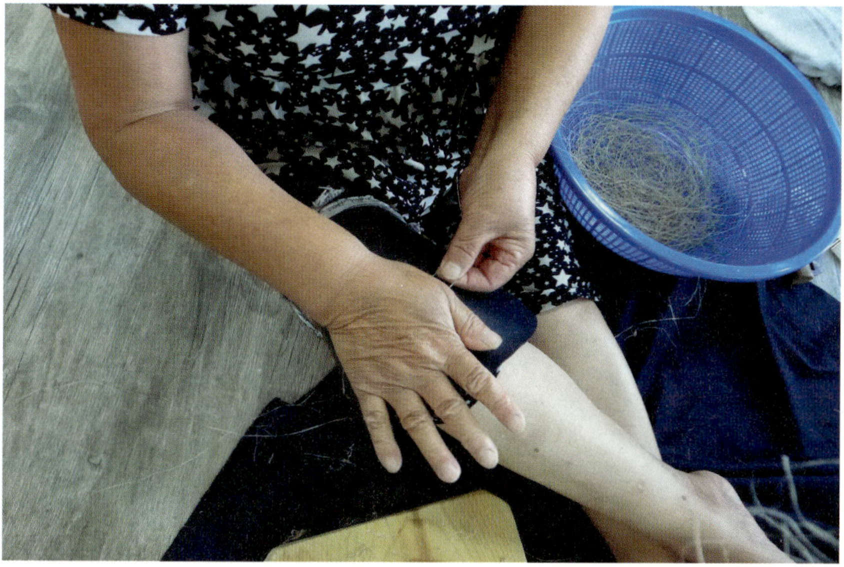

고무판 위에 삼삼기

⑧베날기는 삼삼기를 마칠 무렵이면 실의 고운 정도에 따라서 직조할 삼베의 길이를 가늠하여 날실을 바디(안동포의 폭은 35~37cm이므로, 바디의 폭은 그보다 약간 넓음) 구멍에 꿰는 것이다. 날실은 바디 구멍 1개에 2올씩 꿴다. 한 구멍당 한 올은 잉아실에 걸리는 '잉아올'이 되고, 나머지 한 올은 '사올'이 된다. 잉아올과 사올은 씨실이 날실 사이를 지나가며 베를 짤 때 바디의 한 구멍 안에서 서로 아래위로 위치를 바꾸도록 구분한 것이다.

날실의 수는 삼베의 새수에 따라 다르다. 1새는 날실 80올로 구성되니, 고운 안동포가 10새라고 하면 이 삼베의 날실은 800올이 된다. 이 가운데 400올은 잉아실에 걸리는 잉아올이 되고, 나머지는 사올이 된다. 베날기는 안동포 길쌈에서 기술적으로 익히기 어려운 과정이다. 다른 공정은 길쌈을 하는 금소마을 여성들이 대부분 익히고 있지만 베날기는 일부 사람만이 할 수 있는 일이다.

기능보유자 우복인 소유 바디

베날기

바디에 날실 꿰기

잉아 걸기

베풀 만들기 국가유산청 무형유산기록관

날실에 풀칠하는 베매기

도투마리에 날실 감기

⑨**베매기**는 베날기를 마친 날실에 풀칠을 하여 건조하면서 베를 쉽게 짤 수 있도록 도투마리에 감는 작업이다. 베매기도 베날기처럼 삼베길쌈을 하는 여성 가운데 일부만 하는 일이다. 2016년에는 금소마을에서는 서순하(여, 83세) 씨가 많은 양의 베매기를 하였다. 서순하 씨의 경우에는 금소마을뿐만 아니라 고곡마을과 같은 인근 마을 사람들도 베매기를 위탁하러 찾아온다고 한다. 베매기를 해서 도투마리에 실을 감아두면 각자 베짜기를 할 준비를 한다.

⑩**베짜기**는 베틀 위에 날실을 감은 도투마리를 올리고 북에 씨실(씨실꾸리)을 넣어서, 잉앗실에 걸린 날실과 걸리지 않은 날실 사이로 북을 좌에서 우로, 우에서 좌로 번갈아가면서 통과시켜 날실과 씨실이 서로 교직交織되도록 하는 일이다. 그러니 삼을 째서 삼고, 베를 날고 매는 과정은 마지막 베짜기를 위한 준비과정이다.

1980년대에 재래의 '나무베틀'(혹은 '손베틀'이라고 함) 대신에 쇠로 만든 '쇠베틀'(혹은 '기계베틀'이라고 함)이 등장하면서 생산성이 향상되었다. 현재 나무베틀은 금소마을에서 제한적으로 사용된다. 무형문화유산 기능보유자들이나 전수조교가 전통적인 방식으로 베짜기를 할 때, 그리고 관람객들에게 전통적 베짜기를 보여줄 때 가끔 사용된다.

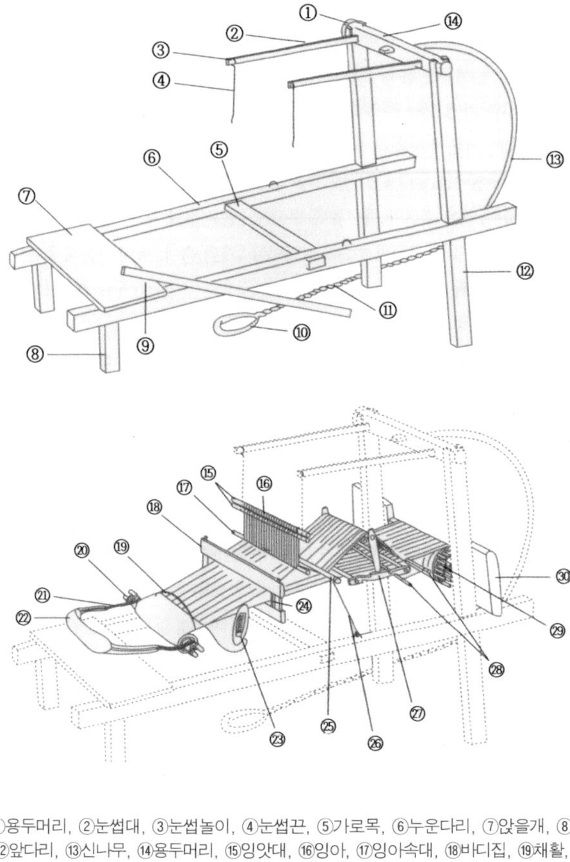

안동지역 명칭: ①용두머리, ②눈썹대, ③눈썹놀이, ④눈썹끈, ⑤가로목, ⑥누운다리, ⑦앉을개, ⑧뒷다리, ⑨밀침대, ⑩끌신, ⑪신줄, ⑫앞다리, ⑬신나무, ⑭용두머리, ⑮잉앗대, ⑯잉아, ⑰잉아속대, ⑱바디집, ⑲채활, ⑳말코, ㉑부테끈, ㉒부테, ㉓북, ㉔바디, ㉕눌림대, ㉖눌림끈, ㉗비개미, ㉘사침대, ㉙뱁댕이, ㉚도투마리

베틀의 구조와 부분 명칭

밑그림은 심연옥 · 박원모, 『중요무형문화재 제28호 나주샛골나이』, 국립문화재연구소, 2003, 183쪽.

대체로 1980년대까지는 금소마을 여성들에게 안동포 길쌈은 기본적으로 갖추어야 할 생활의 지혜이자 필수적인 가사노동이었다. 한복을 주로 입던 시기에 여성들은 안동포 길쌈을 통해 가족이 입을 옷감을 직접 마련하는 한편, 부분적으로는 안동포를 상품화하였다. 대부분의 금소마을 여성들은 안동포 길쌈을 했고, 친정에서 삼베길쌈을 배우지 않은 여성들도 시어머니나 이웃 여성들로부터 기술을 배울 수 있었다.

1990년대부터는 안동포가 생산자들의 일상생활에서조차도 제한적으로 쓰이는 옷감으로 전환되었다. 즉, 안동포는 좋은 수의나 도포와 같은 옷을 만드는 고급 옷감으로 바뀐 것이다. 이때부터 안동포는 금소마을의 생산자들에게조차 중요한 상품으로 자리 잡게 되었다. 물론 20세기 전 시대를 통하여 안동포가 줄곧

나무베틀로 베짜기

상품가치를 가지고 있었지만, 1980년대부터 가속화된 상품화는 1990년대를 넘어서면서 대부분의 생산자들에게 오로지 상품으로 바뀐 것이다. 그러므로 상품이 된 안동포를 직조하면 가정 살림에 보탬을 주기 마련이었다. 하지만 생산들이 고령화되고 안동포의 수요가 줄고, 그 가격 또한 물가상승을 따라잡지 못하게 되면서, 안동포 길쌈을 하려는 사람들이 급격히 감소하고 있다.

길쌈노래에 담긴 생활문화

① 삼삼기노래(금소리 권금주, 83세, 2016년 임재해 조사)

진보 청송　　진 삼가리
영해 영덕　　뻗채 놓고
우리 아베　　관솔 패고
우리 오빠　　관솔 놓고
우리 언니　　밤참 하고
밤새도록　　삼은 삼이
한 발이고　　반 발일래

삼삼기노래는 삼을 삼으면서 부르는 노래인데, 노래 가사로 삼삼기를 하는 상황을 재구성해보면 이렇다. 금소리에서 자주 내왕하던 동쪽 고을을 언급하면서 긴 삼가리가 그 고을까지 이르도록 뻗쳐놓고 삼삼기를 한다. 삼을 삼는 자신은 노래 가사에서 제외되었으나 아버지, 오빠, 언니가 각자 자신의 할 일을 하고 있다. 삼삼기를 하는 지금 시간대는 밤이다. 관솔을 패고 그것으로 불을 켜고, 밤참을 준비하니 말이다. 그렇게 밤참을 먹으면서까지 밤새도록 삼삼기를 해보니 그 길이가 한 발 반이라고 한다. 한 발 반의 길이는 한 올 삼의 길이라기보다는, 베날기를 할 때 10올 단위로 구성하여 새수를 결정하는데, 보통 안동포를 8새라고 치면 640올이 필요한데, 이 길이로 한 발 반인 듯하다. 노래 가사가 문학적 표현으로 과장이 있겠지만 농촌 산업화 이전의 현실을 반영하고 있다.

② **베틀노래**(안동포짜기 기능보유자 우복인, 86세, 2016년 임재해 조사)

베틀 놓자　　　베틀 놓자
옥난간에　　　베틀 놓자
베틀 다리　　　네 다리요
나의 다리　　　두 다린데
앞다릴랑　　　돋우 놓고
뒷다릴랑　　　낮이 놓고
가리새라　　　찌른 양은
은하수라　　　푸른 물에
다리새라　　　놓은 듯하다
챗발이라　　　생긴 양은
그- 위에　　　앉는 임은
사관을　　　숙여 씨고
여- 산을　　　반만 걷고

베틀을 설치하고 삼베를 짜면서 부르는 노래다. 내용을 통해서 베짜기 상황을 재구성해보자. 베틀을 놓자고 말하니, 적어도 두 사람이 함께 베틀을 설치한다는 뜻이다. 베틀 놓을 곳을 옥난간玉欄杆이라고 하니, 옥으로 난간을 두른 좋은 장소이지만, 베를 짜기에 적합한 공간을 뜻한다. 내 다리는 둘이지만, 베틀의 다리가 넷인데 앞다리는 높게 설치하고, 뒷다리는 낮게 설치해야 베를 짜는 데 효과적이다. 가리새(새수를 정하기 위하여 10올 단위로 구분하는 표지)를 찌른 모양은 은하

수 푸른 물에 다리를 놓은 것 같다. 챗발('채활'인 듯)이 앉은 모양은 사모紗帽를 숙여 쓴 모습이다. 이런 사설을 보면, 관용적으로 쓰던 옛 표현이 전승과정에서 조금씩 달라질 수 있지만, 베틀을 설치하여 베를 짜는 상황을 읊고 있다.

이런 노래는 삼올을 길게 만드는 삼삼기와 베틀 위에서 하는 삼베짜기의 지루하고 따분한 반복적 노동의 어려움을 스스로 달래기 위한 노래였다. 삼삼기는 몇 개월에 걸쳐서 부녀자들이 하던 작업이었다. 1970년대까지는 가족 가운데서도 시어머니, 며느리, 장성한 딸들이 모두 참여하여 삼삼기를 하였다. 베틀에 올라가서 삼베를 짜는 일도 솜씨가 좋으면 한 필을 짜는 데 1주일은 걸리고, 대개는 2주일 이상 걸렸다. 날실 삼올이 떨어지면 제 위치를 잘 찾아서 이어야 했으니, 삼베짜기는 장기간에 걸친 정밀노동이었다.

아직도 임하면 금소리, 고곡리, 저전리를 비롯하여 지난날 삼베를 많이 짜던 안동의 몇몇 마을의 여성들이 삼삼기노래와 베짜기노래를 전승하고 있다. 그만큼 삼베길쌈으로 오랜 세월을 보낸 여성들이 많다는 뜻이다.

안동포는 여성 세공기술의 백미

전근대 사회에서 안동포의 시가가 어떠했는지 정확히 알기는 어렵다. 다행히 안동 인근 예천군 대저리의 함양 박씨가에서 기록 · 보존한 일기 『저상일월渚上日月』을 통하여 1834년부터 1937년까지의 물가를 밝혀낸 박기주와 이우연의 연구를 활용하여, 당시 무명 대비 삼베의 가격을 유추할 수 있다. 100여 년 동안의 무명과 삼베의 물가지수를 비교하면 〈표 5〉와 같다.

〈표 5〉를 보면 1834년부터 시작하여 1887년 전까지는 언제나 무명이 삼베보다 더 비쌌다. 1834년의 경우 삼베 가격은 무명 가격의 40%밖에 되지 않았는데, 1887년을 기점으로 하여 역전된다. 비록 1920년에는 일시적으로 무명이 삼베보다 더 비싸게 되지만, 그 후 계속하여 삼베가 무명보다 더 비싸다. 1937년에는 삼

베가 무명에 비해서 무려 167%나 더 비싸게 나타난다. 이러한 사실은 삼베의 생산량이 종래보다 감소했음을 의미하는 것이 아니라, 삼베의 효용가치가 현실적으로 증가하고 있음을 뜻한다.

표 5. 1834~1937년 삼베와 무명의 가격 지수

구분 \ 연도	1834	1840	1850	1860	1870	1880	1887	1890	1900	1910	1920	1921	1930	1937
삼 베	0.27	0.58	0.43	0.76	1.00	1.30	1.34	1.61	2.10	2.60	6.20	5.00	5.33	9.62
무 명	0.73	0.93	0.53	0.85	1.23	1.40	1.30	1.45	1.90	1.95	7.03	4.97	3.92	5.76
삼베/무명	0.40	0.62	0.81	0.89	0.81	0.93	1.03	1.11	1.10	1.33	0.88	1.01	1.36	1.67

배영동, 「안동포 생산과 소비의 전통과 현대적 의미」, 한국민속학 37, 한국민속학회, 2003, 77쪽.

그렇다면 1887년 이후에 삼베의 효용가치가 증가하는 이유는 무엇일까? 이 문제는 삼베의 용도와 의미를 고려했을 때 해명될 수 있다. 무명과 달리 삼베는 도포, 하절기 옷, 유교적 상장례에서 널리 쓰인 직물이다. 하절기의 옷을 제외하고는 삼베는 유교적 가치관과 밀접한 관련을 맺고 있었다. 하절기 옷의 경우에도 신분이 높은 사람들은 더 곱고 정갈한 고급 삼베로 지은 옷을 외출용으로 입었다. 그러므로 모든 삼베는 유교적인 생활관이나 신분의식과 연관되어 품질과 가치가 평가되었다. 그에 반해서 무명은 유교적인 가치나 신분의식과 아무런 관련성이 없이 어떤 사람에게나 동일한 의미의 직물이었다.

여기서 19세기 말의 사회제도 개혁이 삼베의 효용가치 증대와 관련하여 주목된다. 1884년의 갑신의제甲申衣制 개혁 시에는 관리들에게 평소에 도포와 창의 등을 입지 못하도록 하였다. 이어서 1894년의 갑오개혁 시에는 법적으로는 반상의 구별이 혁파되었다. 적어도 갑오개혁 이전까지 도포는 사회적 특권의 표시이자 지위의 상징이었다. 갑오개혁으로 신분에 따른 차별과 금제가 사라짐에 따라, 대다수의 사람들은 상층지향 의식에 따라서 종래 양반들의 복식을 폭넓게 도입하였을 것이다. 결국 대부분의 사람들은 양반들이 생각하던 삼베의 의미와 가치를 그대로 수용하면서 삼베의 수요가 증가하게 되었을 것으로 풀이된다.

짐멜Simmel의 '흘러내림trickle down' 이론에 따르면, 하위집단이 상위집단의 의복을 채용함으로써 새로운 지위주장을 확립하려 하기 때문이다. 안동에서도 신분제가 와해되던 19세기 후반부터 안동포의 가치는 종전보다 더욱 증가할 수밖에 없었을 것이다. 안동포의 수요 증가에 따른 현상이다.

조선사회의 신분제가 19세기 말에 해체되었다고 할지라도, 대다수의 사람들에게 1960년대까지는 유교문화적 생활관이 지배하고 있었다. 하절기 외출복을 비롯하여 종래의 유생들이 즐겨 입던 도포의 상당량과, 유교적 상장례에 사용된 상포(염포)의 전량이 삼베로 만들어졌다. 안동사람들은 수의도 명주 혹은 삼베로 지어왔다. 명주와 삼베는 시신을 깨끗하게 썩게 하는 작용을 한다는 점에서, 다른 직물보다 우수한 수의의 재질로 인정되어 왔다. 안동의 노인들에 따르면 명주 수의를 좋은 것으로 여겼지만, 명주는 비싸고 구하기가 어려워서 삼베로 수의를 짓게 되었다는 것이다. 이러한 과정에서 서민적인 직물이었던 삼베도 비단인 명주처럼 섬세하게 직조되었을 가능성이 높다.

최연우의 연구에 따르면, "안동 정하동 출토 일선문씨(?~1550년대 사망 추정) 묘에서 수습된 복식 총 63점 중 수의는 26점인데 명주, 단緞, 무명, 모시를 썼고, 이 중 명주가 가장 많다. 일선문씨의 손자인 이응태李應台(1556~1586)묘에서 수습된 복식 총75점 중 수의는 22점인데 명주, 단, 삼베, 무명, 모시 등을 사용하였다. 전체적으로 삼베가 주를 이룬다."고 한다.

1973년에 가정의례준칙을 공포할 당시까지만 해도 전통적인 유교적 상장의례나 조상숭배는 별다른 변화의 조짐 없이 지속되었다. 자연히 삼베에 대한 수요는 제법 강성하게 이어졌다. 다만 일제강점기에 도입된 공장제 광목, 1950년대에 도입된 나일론, 그후 도입된 다양한 화학섬유가 1970년대에 폭넓게 보급되면서 일상용 외출복에서 무명, 명주, 삼베, 모시 등의 비중이 약화한 것이다. 그렇다 해도 의례용 삼베의 수요는 그 이전 시기에 비해 줄어들지 않았다.

대표적인 의례용 삼베는 도포를 짓는 데서 확인된다. 안동을 위시한 경북 북부

지역의 풍속으로는 신부의 혼수품 가운데 하나인 시아버지 도포는 여타의 혼수품에 비해서 충분요소였다. 즉, 시집오는 며느리가 시아버지의 도포를 혼수품으로 마련해 가면 시아버지는 굉장히 흐뭇하게 생각한다.

그 이유는 두 가지다. 첫째는, 유교문화의 영향을 깊이 받은 안동지역 사람들이 옛 유생들의 공식적인 복장인 도포를 입음으로써 자신도 건사한 유생의 풍모로 비춰지길 바랐기 때문이다. 거기에는 도포가 근원적으로 유생들의 '권위 있는 모습a look of authority'의 표현매체라는 상징적 의미가 작용하였다. 둘째는, 제사나 조문 시에 착용하던 도포를 다시 사망 시에는 수의의 겉옷으로 사용함으로써 죽음을 대비하는 것이기도 했기 때문이다. 즉, 안동지역의 대부분 남성들은 도포를, 생시에는 유교적 상 · 제례에서 착용하고, 사망하면 옛 양반들처럼 수의로 입었다.

삼베 도포, 삼베 수의, 상포는 모두 생냉이 삼베가 그 재료였다. 따라서 생냉이 삼베야말로 유교적 생활관, 상장례 전통, 사회적 특권의 표시이자 높은 지위의 상징이었다. 이런 생냉이 삼베를 일컫는 안동포는 높은 사회적 가치라는 '의미가 실린 사물meaning-laden objects'이었다.

표 6. 산업화 이전 안동지역 삼베의 종류별 특성

구 분	생냉이[生布]	익 냉 이 [熟布]	
		일반 익냉이	무삼
대마의 품질	좋은 대마	보통 이하의 대마	가장 나쁜 대마
삼베의 질감	빳빳하고 매끈매끈함	부드러움	부드러움
삼베의 밀도 (새수)	주로 7~9새, 고급은 10~15새	주로 6~7새, 고급은 8~9새	5~6새뿐
삼베의 용도	도포, 외출복, 수의, 상포(喪布)	작업복, 홑이불, 고쟁이, 간혹 상포	작업복, 고쟁이, 홑이불
삼베의 상징	고급, 양반, 격식	저급, 서민, 실용	저급, 서민, 실용
삼베 제품의 사용 계절	외출복은 여름에만 착용.	작업복이나 홑이불은 늦봄부터 초가을까지 사용	작업복이나 홑이불은 늦봄부터 초가을까지 사용
생산 현황	판매용의 대부분. 일반 익냉이보다 좀 더 많은 양을 생산	대부분 자가소비, 일부 판매	대부분 자가소비, 소량 생산

배영동, 「안동포 생산과 소비의 전통과 현대적 의미」, 한국민속학 37, 한국민속학회, 2003, 80쪽.

전통적인 농촌 여성들의 생냉이 삼베 직조는 세공기술의 백미였다. 여성들에게 부과된 고운 삼베 직조의 논리에는 알게 모르게 여성이 갖추어야 하는 덕행의 수련이라는 이념이 개입되어 있었다. 여성이라면 생냉이 삼베를 대량생산하지는 않더라도, 그것을 생산할 수 있는 기량을 갖추도록 안동사회가 문화적 압박을 가하고 있었다. 고운 삼베를 잘 생산하는 여성은, 경제활동을 할 수 있는 여성이라는 의미를 넘어서 삶의 중요한 덕목을 갖춘 여성으로 간주되기도 했다.

일제강점기부터 1960년대까지는 안동지역 대부분의 농가에서는 자가소비용의 삼베를 생산하는 데 치중하였다. 한 농가에서는 보통 연간 삼베 2~4필, 무명 2~3필 가량을 생산하는 정도였다. 물론 이것은 한 집의 고부와 미혼 여성들이 공동으로 생산한 물량이다. 오늘날 안동포의 주산지라고 알려진 몇몇 마을에서는 안동의 다른 마을보다 생산량이 좀 더 많았고, 특히 품질이 좋은 삼베가 많이 나왔다.

안동포 주산지였던 임하면 고곡리 여성은(강남순, 여, 64세, 2002) "시집을 오니깐 시조모님, 시어머니, 시누이 한 명과 함께 1년에 생냉이 삼베(주로 9새, 곱게 하면 10새) 10필, 무명(7~9새) 10필을 했다. 비료가 없어서 농사의 수확이 적으니 주로 길쌈을 해서 먹고 살았다."고 말한다. 이 이야기는 안동포 주산지에서 1960년대 초반경에 삼베를 많이 짜던 농가의 상황을 전해주는데, 생산량의 대부분은 판매용이었다. 하지만, "많이 하면 삼베 3~4필을 하고, 무명은 4필도 하고 2필도 하고 대중이 없었다"는 진술처럼(김점호, 여, 77세, 금소리, 2002). 안동포 주산지의 대부분의 농가에서도 1970년대 이전에는 그후보다 훨씬 소량의 삼베를 생산하였다.

한국의 전통적인 직물은 소재에 따라서 무명, 명주, 삼베, 모시 넷으로 대별된다. 다음 그림에서 보듯이 전국적으로 삼베는 명주와 모시에 비해서 '가난', '서민'을 상징하는 직물이었다. 특히 비단으로 분류된 명주의 가치에 비하면 삼베는 평범한 직물이었다. 그러나 안동지역에서는 정확히 언제부터인지는 모르나 생냉이 삼베만큼은 하절기용 직물로서는 최고의 가치를 지닌 것으로 인식되었다. 곧 생냉이 삼베는 시원함, 멋있음, 아녀자의 정성, 부모에 대한 효도 등과 같은 상징성을 가진다. 문경에서 조사를 해보니, "익냉이는 민촌에서 많이 해서 일하는 옷으로 입고, 생냉이는 안동에서 많이 해서 양반들이 입고 꾀꼬리처럼 해서 나왔다."고 말했다. 이는 생냉이가 문화귀족적인 의미의 직물이었음을 뜻한다.

직물의 계절성과 의미
배영동, 「안동포 생산과 소비의 전통과 현대적 의미」, 한국민속학 37, 한국민속학회, 2003, 82쪽.

04

산업화와 안동포 생산전통의 재창조

의생활의 혁신과 안동포 생산의 위축

1950년 6.25를 계기로 한국에 들어온 나일론은 우리의 직물업과 의생활에 커다란 변화를 가져왔다. 나일론은 어떤 종류의 전통적인 직물보다 질기고 세탁하기 편리했다. 나일론은 무명이나 명주의 소비량을 줄였고, 특히 무명의 소비영역을 크게 잠식하였다. 무명은 이미 광목에 의해서 소비량이 감소된 상태에서 나일론에 의해서 또다시 소비량이 줄어들었다. 그 후 공장제 의류, 즉 기성복의 대량 보급은 전통적인 직물생산을 약화하였다. 이러한 상황에서 전국적으로 전통적인 직물은 거의 퇴조하기 시작하였으며, 안동지역에서도 예외는 아니었다. 여성들은 차라리 직물생산을 줄이거나 중단하고 그에 투입된 시간을 다른 활동에 투입하는 것이 훨씬 효과적이라는 판단을 하였다.

1960년대까지만 해도 안동의 모든 마을에서 대마를 경작하여 삼베를 직조하였다. 이철우의 연구에 따르면, 대마재배면적은 면별로 비슷하였지만, 안동댐 건설로 없어진 월곡면이 가장 많았다. 그런데 1970년대부터 기성복을 널리 입게 되자 농가에서 자체 생산하던 삼베는 여름철 옷감으로서 그 가치가 떨어졌다. 또한 수의壽衣 · 상포喪布 · 도포道袍를 만들기 위한 삼베는 사서 쓰는 쪽으로 선회하는 양상을 보이기 시작했다. 삼베길쌈은 종래처럼 사용가치가 크지 않았고, 설령 삼베를 직조하여 시장에 판매하더라도 농산물 가격에 비추어볼 때 교환가치 또한 크지 않은 편이었다.

이러한 사회경제 변동의 흐름을 타고 대마를 경작하여 삼베길쌈을 하던 분위기는 크게 위축되지 않을 수 없었다. 게다가 손쉽게 구입할 수 있는 기성복과 공장제 직물의 광범위한 보급으로 말미암아, 삼베는 지난날 헐벗고 가난하게 살던 시기에 입던 옷의 재료, 바쁜 와중에서도 길쌈을 해왔던 고난의 상징물 가운데 하나로 그 의미가 변화되기도 했다. 결국, 1970년대 초반에 안동의 대부분 마을에서 삼베길쌈은 거의 단절된 것이나 마찬가지가 되었다.

그런데도 이 시기부터는 종래 삼베 생산의 전통이 상대적으로 더 강성했던 곳에서만 대마를 경작하고 삼베를 직조하는 형태로 변모되었다. 이때 삼베의 주산지로 알려진 곳은, 안동시 임하면 금소리와 고곡리, 서후면 저전리와 대두서리, 풍산읍 수리와 서미리, 북후면 물한리와 옹천리, 안동시 수상동 무주무 등지에 한정되었다. 이들 마을에서 삼베 생산을 지속한 것은 그 이전부터 안동의 다른 마을보다 대마경작과 삼베 생산의 전통이 강했기 때문이다.

안동포 생산전통의 재형성과 강화

1970년대 후반에 이르러서 안동포는 다시 그 가치를 되찾는 양상을 보였다. 거기에는 여러 가지 변수들이 작용하였다. 안동지역내 유교적 의례 전통의 지속, 문화유산 관리와 보호 정책, 행정당국의 지역경제 활성화 대책, 식량의 자급자족 실현에 따른 새로운 생산활동의 모색, 삼베의 희소가치 증가에 따른 교환가치의 증가 등이 그런 배경이었다.

전국의 어떤 지역보다도 안동에서는 근대화 · 산업화 과정에서도 유교적인 생활관과 의례가 크게 위축되지 않았다. 안동지역에서는 삼베의 수요를 낳은 유교적인 상장례가 강한 전통을 유지하고 있었을 뿐만 아니라, 양반의식이 강한 사람들이 많아서 이들은 타인의 이목이 집중되는 의례복과 외출복에 대하여 강한 집착을 보였다. "의관의 정제가 예의의 기본 요건"이라는 전통적인 인식 때문이었다. 결과적으로 생냉이 삼베는 사회적 수요가 있었기 때문에, 일부 농촌에서 계속적으로 생산되었다.

그러다가 1975년에 안동포 짜기가 경북 최초의 무형문화유산으로 지정되었을 때, 많은 사람들은 "삼베길쌈 잘하는 사람도 문화유산이 될 수 있다"는 데 상당히 고무되었다. 이때부터 삼베 길쌈은 여성들의 단순한 부업활동이나 농가의 주요한 수입원이라는 차원에서 벗어나 국가적으로 보호받을 수 있는 무형문화유산으로 그 의미가 변화되고 가치가 격상되었다. 오랫동안 길쌈을 해오던 여성들은, 무형문화유산 기능보유자가 매월 일정한 금액의 전승지원금을 받는다는 사실에 더욱 놀랐다. 그들은 "길쌈해서 돈 벌고, 또 정부로부터 돈을 받으니 더 좋다", "나도 잘하면 무형문화유산이 될 수 있다"는 기대를 하기에 이르렀다.

당시 안동군에서도 어떻게든 안동포를 지역의 중요한 산업이자 문화유산이니 계승 발전시켜야 한다고 여겼다. 안동군 지역경제를 담당하는 부서, 대마의 주산지인 임하면과 서후면의 산업계에서는 대마재배를 장려하였다. 동안동농협에서는 양질의 대마 종자를 강원도 정선과 삼척에서 구입하여 농민들에게 보급함으로써 우량 대마를 생산하도록 하였다. 1970년대부터는 주로 논에 대마를 재배하였는데, 대마를 수확한 뒤 다시 벼를 재배할 수 있으니 대마경작은 곡물 농사에도 피해가 없었다.

1970년대에는 연예인들의 '대마초 흡연 사건'이 사회문제로 비화되자, 농민들에게는 대마의 경작과 삼베 생산이 커다란 걸림돌이 되었다. 정부에서는 급기야 1977년에 '대마관리법'을 제정하여 '대마경작 허가제'로 대마 경작을 통제하였다. 비록 대마 주산지가 아니라 해도, 그 이전까지 대마를 재배하던 안동지역의 몇몇 마을에서도 대마경작 허가제 이후 대부분 더 이상 대마를 재배하지 않았다. 안동시 무주무, 풍산면 수리와 서미리, 서후면 대두서리, 북후면 물한리와 옹천리 등이 여기에 해당된다.

결국 이때부터는 임하면 금소리와 고곡리, 그리고 서후면 저전리에서만 대마를 경작하게 되었다. 안동포의 생산지인 몇몇 마을들은 금소리와 고곡리에 가서 대마를 구입하여 삼베를 직조하는 방식을 선택하였다. 굳이 대마를 경작하지 않더라도 대마만 구입하면 얼마든지 삼베를 생산할 수 있을 뿐만 아니라, 삼베 생산의 경제적 효과도 누릴 수 있고 대마를 재배하던 땅에는 식량작물을 재배하니 더 좋다는 생각이었다.

임하면 금소리와 고곡리, 서후면 저전리를 제외한 안동포 생산지 주민들은 비록 대마를 재배하지 않을지언정 삼베 생산을 계속하였다. "삼베 길쌈은 내가 지난날 열심히 해왔던 일이고, 지금도 잘할 수 있으며, 돈벌이도 된다"는 생각이 지배적이었기 때문이다. 농사를 지어 식량의 자급자족이 이루어진 이상, 여성들도 뭔가 경제활동을 해야 된다는 상황에서, 그 이전에 많이 해보았던 일 가운데서 경제가치가 있는 삼베 길쌈이 적합하다는 판단이 들었던 셈이다. 그리하여 대개 2010년대까지 안동에서 삼베를 생산하는 대부분의 사람들이 임하면 금소리와 고곡리에서 대마를 구입해서 썼다.

전국 대부분의 지역에서는 삼베 생산이 중단된 이후에는 안동포의 희소가치가 증가할 수밖에 없었다. 1980년대 중반을 넘어서면서 안동포 생산은 더욱 가치 있는 일이라 여겨지면서 생산지가 확장되는 양상을 보였다. 이것은 농업기계화에 따른 여성의 농업노동 참여의 압박 감소, 상품생산 농업의 추구, 여성들의 경제활동에 대한 관심 증가, 가전제품 도입에 따른 여성의 가사활동 시간 감소, 전등불에 의한 노동 가능 시간의 연장, 여성들의 유휴노동력을 경제활동으로 전환하려는 욕구 증가, 전국적인 삼베 생산 위축에 따른 안동포의 경제가치 증가 등과 같은 요인들이 서로 맞물리면서 나타난 결과였다.

그리하여 안동포 생산은 경험과 기술을 가진 여성들에게 새롭게 인식되었다. 특히 시간적 여유가 있는 할머니와 주부들에 의해서 안동포 생산이 의욕적으로 전개되기 시작했다. 임하면 금소리와 고곡리, 서후면 저전리와 대두서리, 풍산읍 수리와 서미리, 북후면 물한리와 옹천리, 안동시 무주무 등과 같이 과거부터 안동포가 왕성하게 생산된 지역에서 그런 전통이 더 강화되었으며, 그런 마을에서는 안동포의 생산량이 증가하였다. 이철우에 따르면, 1997년 현재 안동포 생산량이 11필 이상인 가구는 안동지역 전체 생산가구의 15% 정도이고, 가계보조적 수준인 5필 이하인 가구는 49.1%를 차지하며, 5%의 가구에서는 연간 1천만 원 이상의 소득을 올린다. 안동포 주산지에서는 가구당 보통 5필 이상을 직조하고 있는 것으로 보인다.

이러한 상황에서 안동시 풍산읍 서미리처럼 1970년대에 삼베 길쌈을 중단했다가, 1980년대 말~1990년대 초에 부활하여 대부분의 부녀자들이 안동포를 직조하는 마을도 등장했다. 이 마을의 부녀자들은 유휴노동력을 이용하여 경제가치가 높은 안동포를 생산하는 것이 여러모로 효과적이라고 판단하였던 셈이다. “7새 안동포 1필에 50만 원을 받는데, 논 1마지기(200평)에서 나오는 벼도 50만 원이다.”라는 말에서도 드러나듯이, 안동포 1필과 논농사 1마지기의 가치는 같다. 순수익으로 따져도 이 둘은 거의 같다. 그러므로, 이 마을 여성들은 벼농사를 지어가면서도 삼베길쌈을 현대적으로 다시 되살렸다. 이것은 전통의 현대적 재활성화이다.

전국적으로 삼베생산이 중단된 1970년대부터 안동지역에서는 오히려 종래보다 더 양질의 대마를 이용하여 고급삼베인 생냉이를 전적으로 생산함으로써 안동포의 전국적 위상은 더 강화되었다. 이는 안동지역 삼베 생산 전통이 생냉이를 중심으로 하여 선별적으로 재창조되었음을 뜻한다. 그리하여 삼베 생산 전통이 재형성된 이후 안동지역의 삼베는 ‘고급 옷감’으로 그 의미와 가치가 통일되고 강화되었다.

안동포 생산의 현대화와 중국삼베에 대응

전국적으로 삼베의 가치가 향상되자, 안동포 생산공정의 일부를 기계화하려는 시도가 이루어졌다. 이것은 가내수공업의 형태에서 탈피하려는 노력의 일환으로 추진된 것이다. 어디에서 고안된 것인지는 알 수 없으나, 1980년대에는 재래의 ‘나무베틀’(‘손베틀’이라고도 함) 대신에 쇠로 만든 ‘쇠베틀’(‘기계베틀’이라고도 하는데, 나무로 된 기계베틀도 있음)이 등장하였다. 재래의 나무베틀로는 사람의 손과 발을 이용하여 삼베를 짜야 했다. 발로는 잉아줄을 당겼다 놓았다 하고, 손으로는 북을 한쪽에서 넣고 반대쪽에서 받으며 바디집을 치는 동작을 반복하였다. 이에 비해서 쇠베틀을 쓰면, 발을 사용하지 않고 전기에 의해서 잉아줄이 오르락내리락해서 기계적으로 해결되었다.

기계베틀로 베짜기
국가유산청 무형유산기록관

또한 나무베틀에는 대나무로 만든 바디를 사용하였고, 손으로 바디집을 쳐서 씨실을 한줄 한줄 밀착시켰으나, 쇠베틀에서는 쇠로 만든 바디를 사용하며 바디집도 기계의 힘으로 치게 되어 있다. 쇠베틀을 사용하면, 잉아줄이 오르락내리락할 때 씨실이 든 북을 넣어주고 그 반대 방향으로 나올 때 받기만 하면 된다.

쇠베틀이 나온 후에도 모든 사람들이 사용하는 것은 아니다. 삼베길쌈을 많이 하는 농가에는 나무베틀과 쇠베틀을 함께 사용하기도 하며, 삼베길쌈을 배운 지 얼마 되지 않은 젊은이들이 처음부터 쇠베틀로 베를 짜고 있다. 예전부터 삼베길쌈을 해오던 할머니들은 나무베틀이 훨씬 손에 익숙하고 모든 동작을 자신이 조절하기 쉬어서 느리더라도 나무베틀로 삼베를 짜고 있다. 안동지역 전체로 볼 때, 소량을 짜는 사람은 나무베틀로 짜고, 다량으로 직조하는 경우에는 쇠베틀을 쓰는 경향이 있다. 쇠베틀은 빠르게 직조할 수 있는 장점이 있어서, 안동포 주산지에서도 쇠베틀로 남의 삼베를 짜주고 품삯을 받는 사람도 있다.

1980년대에 이르러 안동포는 정책적 지원을 받기도 했다. 1983년에는 조명석 씨가 농수산부의 지원을 받아 안동시 서후면 저전리에 '안동포 부업단지'를 조성하였으며, 이것은 2000년경에 '안동포 특산단지'로 개칭되었다. 이 특산단지는 안동포를 직조하는 회사가 아니라, 재래식으로 안동포를 생산하는 회원들로 구성된 단체이다. 생산품은 전량 서울의 양재동 농협 매장에서 판매되었다. 지방의 명성 높은 삼베가 우리나라 수도로 진출하여 공식적인 판매망을 확보한 것이다.

수입개방이 추진되던 1980년대 말부터는 중국에서 삼베가 수입되기 시작했다. 중국삼베는, 우리나라 삼베보다 품질이 월등히 나쁜 것으로 평가되어 값싼 삼베로 알려졌다. 한국보다 후진국인 중국에서 생산한 것이니만큼 우려할 문제가 아니라고 여기기도 했지만, 값이 워낙 싸기 때문에 문제였다. 안동의 화이트칼라들 가운데 더러는 고풍스런 멋을 부리며 한여름을 시원하게 나기 위해서는 안동포로 지은 옷 한 벌 정도는 있는 게 좋다고는 생각했지만, 그것은 대부분 희망 사항이었다. 안동포 삼베옷 한 벌의 가격은 최소한 양복 두 벌 가격보다 비쌌기 때문이다. 때마침 중국에서 값싼 삼베가 들어와서 안동의 '베전골목'에서 판매되자, 이걸 사서 옷을 지어 입는 것은 시간문제였고 마음먹기에 달린 것이었다. 1990년대 초 안동포 8새 1필에 60만원을 할 때, 중국삼베는 기껏해야 10만원이면 족했으니 말이다.

중국삼베로 인하여 안동포를 직조하던 농가에서는 안동포 판매에 영향을 받게 되었고, 항간에서는 이따금씩 중국삼베가 안동포로 둔갑하여 판매된다는 이야기도 들려왔다. 이대로 뒀다가는 안동포의 가격 하락도 문제이지만, 장차 안동포의 명맥 유지도 쉽지 않을 지경이라 생각하기도 했다. 중국삼베와 안동포의 대결 구도 속에서 안동포는 정통성authenticity의 방어와 확립을 필요로 하였다. 중국삼베의 가격경쟁력에 대하여 안동포는 품질경쟁력을 확보해야 했다. 품질

베전골목 안동포상가 내부

경쟁력의 핵심은 품질을 높이는 것이 아니라, 안동포의 정통성을 구별하도록 하는 것이었다. 이에 안동포 생산자들이나 '베전골목'의 전문상가에서는, 안동포가 중국삼베와 다른 점을 찾아서 설명하는 데 주력하였다.

값싼 중국삼베가 밀려들어오는 가운데 안동포 직조자의 노령화와 수적 감소 상황에서 안동포 생산공정의 기계화가 추진되기도 하였다. 1992년 강성구씨는 안동포 생산과정의 대부분을 기계화하여 ㈜장수안동포를 설립하였다. 여기서는 재래식 안동포를 다양한 새수로 직조함은 물론이고, 기계화된 안동포 · 컬러 안동포 · 문양 넣은 안동포 등을 개발하였다. 당시에는 주로 여러 가지 형태의 안동포를 주문받아 생산하거나, 돈을 받고 다른 농가의 안동포를 직조해주었다. 전통적 수제 안동포를 기계로 직조한다는 것은 전통의 현대화를 도모하고, 특산물 진흥을 통하여 지역경제의 활성화를 추구하려는 현상이다.

안동시는 임하면 금소리에 2000년부터 폐교된 초등학교를 이용하여 '안동포 홍보전시관' 설립을 추진하였다. 이는 안동의 특산물인 안동포 생산의 중심지가, 경상북도 무형문화유산인 안동포짜기의 기능보유자가 있는 금소리라는 사실과 함께 수입개방 체제 아래서 위축되어 가는 안동포에 대한 올바른 이해와 홍보를 도모하기 위한 것이다. 그리고 안동시 홈페이지, 동안동농협 홈페이지, 안동과학대학 창업보육센터의 한 회사인 안동삼베닷컴 홈페이지 등에 안동포가 우수한 삼베로 소개되어 있다. 안동포의 주산지인 금소리는 인터넷상에 '안동포 마을'로 소개되고 있다. 한편 안동포가 점차 위축되어 간다는 추세를 감안하여 2001년에는 안동시가 안동포발전협의회를 발족시키고, 전통적인 수제 안동포에 대하여 품질보증 마크를 붙이는 등의 대책을 마련했다.

안동시는 2007년에 임하면 금소리 '안동포타운' 조성 공사를 완료하고, 2008년에 개관하였다. 안동포타운은 본관에 안동포전시관과 사무실, 남쪽 별관에는 ㈜안동마포조합, 안동포짜기 시연장, 공예체험판매장, 서쪽 별관에는 야외작업장, 상괴장(염색장)이 마련되어 있다. 관광객들도 전시관을 관람하고, 안동포짜기 시연과 현대적 공예체험을 할 수 있다.

포타운의 전시관 전경과 창작품 전시실

안동포타운의 남쪽 별관(위)과 서쪽 별관(아래)

05

오늘날
안동포 소비의
양상과 의미

'진짜 안동포' 식별과 진정성

중국삼베가 수입된 이후 시중에는 심심찮게 가짜 안동포가 나돈다고 하였다. 1990년대 후반에는 업자들이 중국에서 대마를 수입하여 안동지역 부녀자들에게 삼베를 짜도록 하여 이것을 안동포로 판매한다는 소문도 나돌았다. 이러한 이야기 속에는, 안동에서 재배된 대마로 안동사람이 전통적인 기술로 짠 생냉이라야 '진짜 안동포'라는 의식이 강하게 깔려 있다.

2002년도 매일신문에 "가짜 안동포가 판친다"는 제목의 기사가 실렸다. 이 보도에 따르면, 안동지역 농촌에서 한 해에 생산되는 안동포는 7천여 필에 불과할 터인데, 시중에 나도는 안동포는 3만여 필이라고 하니 계산이 맞지 않는다는 것이다. 이 수치는 대마경작 허가제에 의하여 신고된 대마 파종면적에 기초하여 나온 것이다. 더러 그 이전에 생산한 안동포가 뒤늦게 시중에 나올 수 있다고 하더라도, 지나치게 안동포의 유통량이 많으니 그 중에 상당수는 가짜라는 논리이다.

> 안동지방에서는 전혀 속여 팔지 못해요. 여기는 천을 하도(워낙) 많이 봐서 못 속이거든. 중국삼베는 질적으로 국산하고 게임이 안 되고, 지금 비슷한 물건이 나오는데 외지에 나가면 안동포로 둔갑을 하니깐 그게 문제지.
>
> \- 권태우(남, 61세, 베전골목 ○○상회, 2003)

> 설악산에 가보니 단풍이 뭔가 아름다운 빛이 더 나고 보통 야산의 단풍은 그런 아름다움이 덜해요. 마찬가지로 안동포는 중국삼베보다 오련한(고루 곱다는 뜻) 게 좋다.
>
> \- 조분수(여, 75세, 베전골목 ○○장의사, 2003)

> 중국에서는 삼을 가지고 기계로 실을 뽑는다니더(뽑는다고 해요). 중국에서는 우리처럼 삼을 안 삼으니, 중국삼베는 이음새가 없니더.
>
> \- 김점호(여, 77세, 금소리, 2002)

이처럼 삼베를 전문적으로 취급하는 안동 사람들은 진짜 안동포를 구별하는 기준을 찾으려 애썼다. 안동포는 품질이 전체적으로 고루 좋다는 점, 중국삼베는 실올에 이음새가 없다는 점이 기준처럼 여겨진다. 이 밖에도 색상에서 안동포는 적당히 노르스름한데 중국삼베는 흰 것부터 지나치게 노란 것까지 매우 다양하다고 한다. 질감면에서 안동포는 빳빳하면서도 매끄러운데, 중국삼베는 빳빳하지도 매끄럽지도 않다고 한다. 안동포의 이런저런 특성을 따지는 것은, 안동포의 물리적 속성에 대한 평가를 넘어서 안동포에 결부된 안동문화의 전통을 확인하는 것이다.

2002년 현재 안동의 베전골목에서 판매되는 삼베의 가격을 보면, 안동포 6~7새 1필에 50~60만인데, 중국삼베는 5새 1필에 2~6만원 정도에 불과하다. 진짜이고 정통성이 있는 삼베는 비싸므로, 비싼 돈을 주고 가짜를 살 수는 없다고 생각한다. 그러나 진짜 안동포를 식별하는 일은 안동포를 만져본 경험이 풍부하지 않은 사람에게는 어려운 일이다. 중국삼베가 널리 판매되면서부터 소비자들은 아예 안동포 산지 직거래를 하는 예가 많아졌다. 35년간 안동포를 취급한 전문상인과 안동포 생산경험이 풍부한 할머니의 이야기를 들어보자.

> 전에는 삼베를 많이 팔았는데, 요즈음은 한 달에 5필, 6필을 파는 정도다. 물론 윤달에는 '먼옷(수의)'을 한다고 훨씬 더 낫다. '먼옷' 한 벌하는 데 5필이 들어가니까. 이제는 사람들이 중국삼베 때문에 웬만하면 안동포 짜는 마을에 차를 몰고 가서 산다. …(중략)… 더구나 김영삼 정권이 들어와서 농협에서 수의를 판매하고부터 우리는 곧장 무너져버렸다.
>
> \- 조분수(여, 75세, 2003)

> 작년에 내가 10새 삼베를 참 곱게 한 필을 해놨더니, 동안동농협에서 어디 마산인가 가서 전시한다고. "사모님 이 베를 며칠간만 빌려 가면 안 돼요? 이거 자랑도 하고 임자가 있으면 팔아주고 없으면 되돌아올 거예요. 얼마를 받으면 돼요?" "농

협에서 하는 것은 내 맘대로 못하고, 140만 원만 내 손에 쥐여 주소" 그랬는데. 그래(그렇게) 가지고 가서 마산에서 전화가 왔더라고. 어떤 아줌마한테 전화가 왔더라구. "삼베를 얼마에 파실 건데여?" 그래. "난 농협에 팔았다니깐." "그러지 말고 바로 얘기를 해보세요". "여기는 180만원 달라고 하는데, 직접 거래하면 얼마하면 될까요?" "좋기는 좋은데 가격이 너무 쎄다(비싸다)" 하더라구요.

- 강남순(여, 64세, 고곡리, 2002)

소비자들이 '진짜 안동포'를 손쉽게 찾기 위해서는 안동포 주산지로 바로 들어가든지, 신뢰할 수 있는 통로로 생산자와 연결한다. 그래야만 정통성이 있는 안동포를 속지 않고 살 수 있다는 것이다. 베전골목의 전문상가에서도 중국삼베와 안동포의 다른 점을 설명하면서 진짜 안동포를 팔아도 잘 찾아오지 않는다. 진짜 안동포를 찾으려는 것은 안동포의 우월성을 인정하는 가운데, 안동의 문화적 전통과 정체성이 잘 간직된 특산물을 소유함으로써 얻는 만족감 때문이다. 다시 말해서 진짜 안동포를 찾는 것은 안동지역 삼베길쌈의 진정성을 부분적으로나마 체험하고 수용하기 위한 방안이다.

안동포 의상 · 소품으로 전통과 구별의 표상화

1990년대 이후 안동지역에서도 여름철에 일상적으로 안동포 의상을 입는 사람은 매우 드물다. 안동포로 옷을 만들어 있으면 시원하기야 하지만, "나이 많은 사람은 귀찮아서 안 입고, 젊은 사람들은 관리할 줄 몰라서 안 입는다"는 이야기가 그런 정황을 대변하고 있다. 그럼에도 이따금씩 안동포 의상을 만들거나 입는 사람을 발견할 수 있으니, 그것은 다음 세 가지 유형인 것 같다.

첫째, 안동지역 사람이 한여름에 멋을 부리는 차원에서 안동포 의상을 입는 것이다. 무더운 여름을 멋 부리며 나기 위해서 육체노동을 거의 하지 않는 노인들,

특히 지체 높고 하릴없는 노인들이 이런 형식으로 삼베옷을 입기도 한다. 할아버지든 할머니든 이제는 상하 모두 안동포로 된 옷(남자는 바지와 적삼, 여자는 치마와 적삼)을 입기보다, 아래는 안동포로 된 옷에다가 위에는 흰 모시로 된 옷을 입는 편이다. 아래위 모두 같은 질감과 색상의 안동포로 하기보다는 흰색 모시와 노란색 안동포로 상, 하를 달리함으로써 대비효과는 물론이고, 위가 희고 깨끗하여 품위가 더 있고 얼굴이 돋보인다고 믿는다. 이런 옷은 서구화된 현대 의상의 거대한 물결 속에 고풍 의상의 이미지를 전달한다.

둘째, 안동 사람들이 혼례 예물의 풍속을 계승하기 위해서 안동포 의상을 마련하는 것이다. 아직도 안동지역에서는 혼례 시에 신부는 안동포로 지은 옷을 예물로 드리는 풍속이 강하게 남아 있다. 안동 시장의 한복집에 따르면, 혼례를 많이 하는 계절이 되면 안동포로 짓는 옷의 대부분은 혼수용이라고 한다. 시댁이 안동이면 이 풍속은 더욱 철저히 지켜지는데, 이는 혼수품을 교환하면서 지역집단의 동질성을 나누어 갖기 때문이다.

> 1990년에 맏딸을 시집보냈고 그때는 사돈네 필요한 거 사돈 도포, 중우적삼(바지와 적삼), 사위 중우적삼(바지저고리) 다 해줬고요. 그리고 1992년에 둘째 딸 보내는 데, 맹(마찬가지로) 필요한 거 그래(그렇게) 했고요. 거(둘째딸 시아버지)는 도포는 있어서 안 하고요, 시조부 중우적삼 또 시숙은 모시적삼, 사위도 모시적삼(안동포를 줬는데 젊은 사람이니깐 모시를 사서 했고)을 해주었고. 나이 많은 사돈은 올해 64살인데, 그 당시에는 깨끗한 게 좋다고, 열석(13) 새 베중우에 열석 새 베도포에 그래 모시 적삼을 받쳐 줬어요. …(중략)… 그분들이 옷을 받았을 때 안동포로 만들었다는 것에 대해서 특별히 생각하지요. 맏딸 갔는(시집간) 집에서, 뭐 반갑다고 그걸 자랑을 해 가지고, 또 안사돈 친구 분이 "꼭 요런(이런) 거 한 필을 구해달라"고 연락이 왔더라구요.
>
> \- 강남순(여, 64세, 고곡리, 2002)

임연재 배삼익 불천위제사 제관의 안동포도포(2025)

이처럼 안동에서는 21세기 초까지도 옛 혼수 증여 풍속에 따라서 시아버지의 도포, 바지와 적삼을 비롯하여 사위의 바지와 적삼을 생냉이 삼베로 지어서 선물로 가지고 갔다. 안동지역의 이런 혼수 증여 풍속은 시댁 또는 사돈댁에 최대의 정성을 보내는 것으로서, 안동의 풍속을 오늘날에도 이어간다는 의미이다. 안동포는 안동의 정체성을 구축한 것, 안동의 이미지를 의례화한 것으로서, 안동문화를 특징짓는 전통적 물품의 하나이다.

셋째, 안동지역 서원의 춘추 향사享祀, 종가의 불천위제사不遷位祭祀, 종가 사당에서 올리는 천신薦新, 전통을 중시하는 문중의 가을 시사時祀 등의 유교제사에 참석하는 제관들의 복장은 안동포 도포道袍가 주류를 이루는 편이다. 안동에서도 명주 도포, 모시 도포를 착용하는 경우도 제법 있는데, 안동포의 고장인 임하면 금소리의 유교식 제사에서는 안동포 도포를 특별히 많이 입는다.

2016년 서하선조 시비 건립 고유제 참석자 도포(금소리)

2016년 10월에는 '서하선조 시비西河先祖詩碑 건립고유제'와 '양양군선조 신도비襄陽君先祖 神道碑 건립고유제'가 치러졌다. 금소마을 예천임씨 문중 차원에서 시비와 신도비를 건립하고 나서 조상께 고하는 제사였다. 고유제는 금소마을 입구에 있는 모하정慕河亭 뜰에 설치된 시비와 그 인근에 세워진 신도비 앞에서 마을 어른들이 참석한 가운데 치러졌다. 서하는 고려 의종 때의 문신으로 『국순전麴醇傳』을 지은 예천임씨 시조 임춘林椿 선생이다. 양양군은 조선 세종 때의 무신으로 단종 때 정난공신靖難功臣으로 양양군에 봉해진 자헌대부 임자번林自蕃으로 금소마을 예천임씨 입향조의 5대조이다.

이 고유제에 참석한 어른들 가운데서도, 제례에서 맡은 역할이 정해져 있는 사람은 모두 도포를 입고 있다. 한복을 입고 안동포 행전行纏을 치고, 그 위에 안동포 도포를 입은 사람들이 대부분이었다. 조상을 위한 제사에 참여할 때 도포를 입어야 유교식 전통을 실천하는 것이라는 의식을 반영하고 있다.

넷째, 도시인들이 전통 수제 고급직물을 통하여 현대 공장제 직물로 만든 옷을 입은 다른 사람들로부터 자신을 구별하려고 안동포 의상을 착용한다. 전통적으로 안동 이외의 지역에서는 삼베옷이 그저 소박하여 가난한 사람들의 상징이기도 하였으나, 이제 안동포와 같이 차별화된 직물로 만든 옷은 결코 가난함, 소박함 등과 같은 느낌은 찾아볼 수 없게 되었다. 안동포로 바지와 적삼 또는 치마와 적삼이라는 옛 형식의 삼베옷을 만들어 입든 혹은 그와 다른 형식으로 변형하여 현대식으로 만들어 입든 간에 이미 그런 옷은 도시의 일반인들이 입는 것과는 다른 직물의 옷이다. 이런 옷은 전통과 첨단을 연결하는 방식의 새로운 '문화귀족'의 표현 코드일 수 있다. 이런 분위기 속에서 서울의 종로와 명동에 있는 한복집에는 "안동포 있음"이라는 광고문을 어렵지 않게 발견할 수 있다. 심지어 한국을 찾는 일본인 가운데 여유 있는 사람은 "한산모시는 몰라도 안동포를 알고 찾는다."고 한다.

(안동포로 만든 옷을) 이 동네 사람들은 어쩌다 입지. 서울에 있는 깨끗한 여자들

이 한복 해 입어요. 서울 가서 양장점에 보니깐, 안동포를 가지고 아래위 한 벌로 멋있게 해놨디더. 일류 양장점에 가니깐 옷 밑으로 수를 놓아가지고 이쁘게(예쁘게) 했어요. '돈쟁이(돈 많은 사람)'들이 입으라고 아주 멋있거러(멋있게) 퍼지거러(아래쪽이 퍼지게) 했는데, 발이 안 보이고 버선코가 좀 보이디더. 시공이 50~60만원 하디더. 어지간한(웬만한) 사람은 입지도 못해요.

- 김점호(여, 77세, 금소리, 2002)

유교문화의 전통이 특별히 강한 안동지역의 아낙네들이 섬세하고 정교하게 손으로 짠 안동포라면, 누구에게나 희소가치뿐만 아니라 문화유산 가치가 있는 고급직물로 평가된다. 이런 직물로 만든 옷은 자연히 도시인의 멋과 개성 표출의 수단이 되었다. "요즘 안동포로 옷을 해 입는 사람은 드물다. 도시의 '돈쟁이(돈

안동포로 만든 현대 생활용품 박금화 작품, 사진 제공

안동포에 그린 베 짜는 규수 박금화 작품, 사진 제공

많은 사람)'들이나 멋 부리려고 입지."라고 하는 안동 사람의 이야기는, 바로 안동포로 일상복이나 외출복을 지어 입는 것은 일부 도시인들의 타인에 대한 의상 차별화 현상을 말해준다. 이것은 현대 도시인들이 옛날 안동지역 양반들이 입던 고급스런 안동포 의상을 새로운 고급문화로 재현하는 의미이다.

다섯째, 현대인들의 생활감각에 맞는 다양한 안동포 소품류가 만들어지고 소비된다. 금소리 금포고택의 박금화 씨는 안동포짜기 이수자인데, 안동포를 염색하여 다양한 크기와 형태 · 색상의 가방과 모자 등의 생활용품을 만든다. 안동포만 짜는 것이 아니라, 안동포를 현대적으로 활용할 수 있는 디자인으로 작품을 만들고 있다. 안동포에 민화풍으로 그림을 그리는 창작도 하고 있다.

삼베결 옻칠회화(원이엄마의 머리카락 미투리를 그린 권영애 작가의 '월령연가')

여섯째, 안동지역을 대표하는 직물인 삼베의 거친 결을 살려 새로운 장르의 회화를 개발한 사례도 매우 주목된다. 안동 출신의 권영애 작가는 유년 시절 고향을 생각하고 어머니의 삶과 정서를 추억하며 '삼베결 옻칠회화'를 창작하여 2023년 대한민국 미술대전 비구상부문 대상을 수상하였다. 삼베의 날실과 씨실의 만남과 엮임의 결을 살려 옻칠회화를 새롭게 창작함으로써 신선한 회화장르를 개척한 성과다.

안동포 수의로 전통적 매장문화 실천

안동지역에서는 조선시대에 명주 또는 삼베로 수의를 지었는데, 사회적 지체가 높을수록 명주 수의가 더 일반적이었다. 삼베수의는 16세기 안동 정하동 출토 이응태 무덤에서 나왔고, 그 후 1925년 김숙당의 『조선재봉전서』에 이어 1934년 조선총독부 의례준칙에 명문화된 후 확산되어 1960년대에 일반화되었을 것이라는 최연우의 학설도 있다.

안동지역을 조사해보면, 20세기에 중반에 부유한 집과 안동포 생산 농가에서는 안동포로 수의를 짓고, 그렇지 못한 집에서는 시신의 피부에 닿는 곳에는 안동포를 쓰고 그 나머지는 명주를 사용하여 수의를 만들었다. 수의를 안동포로 짓는 것은, 안동포가 식물성 천연섬유인데다가 항균작용이 뛰어나고 땅속에서 잘 썩는 성질이 있어서 시신에 나쁜 영향을 미치지 않기 때문이라고 한다. 매장된 시신의 상태는 이장 시에 드러나는데, 이때 시신의 뼈가 누렇거나 하얗게 되어 있어야 좋다는 생각이 강하다.

매장된 시신의 상태를 깨끗하게 만들어주는 직물은 명주와 삼베라고 한다. 신시장 ○○한복집 주인(여, 59세, 2003)이 말하는 "명주도포, 모시도포는 평소에만 입고, 죽어서는 반드시 생냉이 삼베도포를 입어야 한다"는 것도 수의를 만들 때 생냉이 삼베는 매우 가치 있는 직물임을 뜻한다. 그래서 2000년대 초반 안동 시장에 있는 15여 개소의 한복집에는 "윤달에는 삼베(생냉이) 수의를 주문하는 사람이 많아서 정신이 없다"고 했다.

삼베 수의를 입는 사람은 저승에서 편안할 뿐만 아니라 그 후손들도 복을 받는다고 한다. 즉, 안동포 수의는 부모에게 정성을 표현하는 직물이었다. 오늘날 외지인들에게 안동포가 인기 있는 가장 큰 이유는 좋은 수의의 재료가 된다는 점이다. 이것은 안동에서보다 외지에서 안동포 수의의 의미가 더 강화된 현상이다. "수의의 가격을 좌지우지하는 것은 삼베의 가격입니다. 나일론이나 화학섬유가 섞인 수의를 입혀드리면 후에 고인이 화학섬유에 묶여 있는 듯한 형상이 되어 큰 누를 끼치게 되는 것입니다." 이러한 표현은 삼베 수의 판매의 전략이기는 하지만, 전통적인 삼베 수의의 장점을 한국인의 매장에 대한 전통적 관념에 근거하여 소개한 것이다.

> 서울, 수원 이런 데서 전화가 와요. "수의 한 벌에 일곱 새쯤 되면 (값이) 얼마나 되느냐?" 하면 "얼마 정도 된다"하면, 이제 사람 신체가 좋으면 좋다, 키가 얼마 되면 얼마 된다는 걸 알고. "수의 두 벌을 해주세요." 그러면 (삼베) 열 필만 구해 가지고 빛을 내가지고(염색하여), 수의를 잘 만들어주지요. 길쌈단지니깐 수의 만드는 거는 할 시간도 없고, 옷집(한복집)에 맡기지요. 두 사람 수의를 하려면 안동포 열 필은 되야 돼요. 아주 있는(부유한) 사람은 안동포로 깨끗하게 하고,

> 돈이 조금 적은 집에서는 명주를 섞어 하는데. 그래 작년에 수원 사람이 부탁을 해와서, 옷집에 가서 말렸어요(마름질을 시켰다). …(중략)… 외지에서 개별적으로 오는 거는 "얼마 가니더" 하면, 안동포단지에서 직접 하는 거니깐 믿고 사가지고 가고.
>
> - 강남순(여, 64세, 고곡리, 2002)

2000년대 초반까지는 이 이야기처럼 부모님의 안동포 수의를, 삼베 생산자에게 직접 전화로 주문 제작을 하는 외지인들도 꽤 있었다. 이들은 경제적으로는 비교적 여유가 있는 사람들로서, 생산과정의 정통성이 확보된 생산자로부터 '진짜 안동포'를 사서 만드는 것이어야 한다고 생각한다. 문옥표의 연구에 따르면, 1995년도 서울 성북동의 K회장도 남녀 수의 두 벌을 마련했는데, 안동에 직접 내려와서 안동포 17필을 약 2천만 원을 주고 사서 200만원을 주고 국가무형문화유산 침선장 기능보유자에게 의뢰하여 제작하였다. 이들에게 수의의 가격은 문제가 아니며, 진짜로 정통성과 우월성이 확인된 안동포로 만든 것인가가 중요하다.

2002년 현재 서울에 있는 어떤 인터넷 수의상가에서는 다양한 종류와 가격대의 수의를 판매하고 있다. 수의를 삼베의 품질에 따라서 '정품(삼베 원산지가 한국인 것)'과 '종품(삼베 원산지가 중국인 것)'으로 구별하고, 정품에 4종류, 종품에 7종류로 구성하고 있다. 최상품인 안동포 수의는 1벌에 330만 원, 그리고 나머지 남해포 수의와 순창포 수의는 모두 160만 원, 보성포 수의는 120만 원으로 판매되었다. 중국삼베로 된 수의는 최하 40만 원부터 110만 원까지 있으나, 중국 대마를 수입하여 안동에서 짠 삼베('안동포'로 소개됨)로 지은 수의는 역시 150만 원에 판매되었다.

안동포의 주산지 금소리와 고곡리 주민이 조합원으로 속한 동안동농협 2001년 홈페이지에는 안동포 수의를 이렇게 소개하고 있다. "안동시 임하면 금소리에서 정성껏 만든 정교한 수제품으로 '이승'에서 '저승'까지 입고 가는 것이 안동포입니다. …(중략)… 부모님이 마지막 가시는 길에 수입품으로 보내시렵니까?

아니면 무공해 천연섬유 안동포로 보내시렵니까?" 신토불이 담론 속에서 안동포가 수입삼베에 비해서 당연히 낫다는 사실을 전제하고 있다. 이 글귀 속에는 안동포 수의에 대한 안동 사람들의 가치관과 인식이 배어있다. 언제인가는 "안동포가 정교한 수제품이라서 이승에서 실컷 입지 못해서 저승까지 가서도 입는 옷의 재료"로 소개된 적도 있다. 안동포 수의는 부모님께 마지막으로 효행을 실천하는 옷이요, 부모님이 편안하게 저승으로 가는 날개인 셈이다.

하지만 2000년대 후반부터 전통적 매장문화가 화장문화로 변하면서 고급 안동포 수의에 대한 수요가 급감하였다. 2025년 현재 인터넷에서 '삼베수의'를 검색하면 기계대마수의가 25만 원부터, 47만 원까지, 보성포 삼베수의는 100만 원, 남해포 삼베수의는 195만 원, '안동포 수의'를 검색하면 168만 원부터 221만 원, 622만 원, 770만 원을 호가하는 제품이 나온다. 직조과정과 방법의 차이가 있겠지만, 안동포 수의가 보성포 수의, 남해포 수의에 비해서 훨씬 고급수의나 명품수의로 인식되고 있다.

06

헴프Hemp 산업 특구 지정과 전망

헴프산업 특구로 지정된 안동

영화 「검사외전」 초반부에는 대마초가 조직폭력배 범죄의 맥락에서 잠시 등장한다. 이처럼 대마는 우리에게 환각성 식물인지, 유익한 식물인지 판단하기 어려운 존재다. 대마는 실용적으로 쓰일 수도 있고, 유해한 식물이 될 수도 있다. 대마의 유해성을 피하면서 산업적으로 유익하게 활용하려는 것이 바로 헴프산업이다. 대마는 크게 헴프와 마리화나로 나뉘는데, 헴프는 환각 성분인 THC(테트라하이드로칸나비놀)가 0.3% 이하인 경우를, 마리화나는 0.3%를 초과하는 경우를 말한다.

특구의 정식 명칭인 <경북 산업용 헴프 규제자유특구>는 기존 규제를 완화하여 산업용 대마hemp를 기반으로 그린바이오 신산업을 육성하고 부가가치를 창출하기 위해 조성되었다. 특구 지정의 구체적인 목표는 헴프 재배, CBD(칸나비디올) 추출, 관리 시스템 실증과 산업화 기반 마련이다. 이 특구는 경북 안동 일대 약 2.7㎢ 면적으로 지정되었으며, 주요 구역은 안동 바이오산업단지, 임하면 · 풍천면 등 산업용 헴프 재배 가능 농업지, 그리고 경북바이오산업연구원과 연계된 GMP(의약품 제조 및 품질관리 기준) 시설 및 실증 단지이다.

따라서 특구 전체는 경북 안동시 행정구역 내에서 운영되고 있으며, 연구 · 재배 · 추출 · 수출 실증까지 모두 이 지역 안에서 진행된다. 지정 기간은 2020년 8월 1일부터 2024년 11월까지 52개월이었으나, 2027년 11월까지 임시허가를 통해서 3년 연장되었다. 2022년에는 우수 특구로 선정되었으며, 이를 통해 CBD 기술 및 스마트팜 재배 · 관리 시스템 구축 성과가 인정받았다.

주요 실증분야는 세 가지로 나눌 수 있다. 첫째, 산업용 헴프 재배다. 환각 성분(THC) 0.3% 미만 품종을 스마트팜 환경에서 재배하고, GAP 수준의 안전한 원물 생산 체계를 구축한다. 둘째, 원료의약품 제조 · 수출 실증이다. CBD 추출, GMP 인증, 수출 기반을 마련한다. 셋째, 산업용 헴프 안전관리다. 블록체인 기반의 안전 · 품질 관리 시스템 구축을 실증한다.

헴프산업은 중앙부처 중 중소벤처기업부가 규제 샌드박스 실증특례를 부여하고 식품의약품안전처가 지원하고 있다. 지역 기관으로는 경상북도, 안동시, 경북바이오산업연구원 등이 참여한다.

〈경북 산업용 헴프 규제자유특구〉 홈페이지에서는 규제자유특구를 이렇게 정의한다. '규제자유특구'란 「규제자유특구 및 지역특화발전특구에 관한 규제특례법」에 따라 수도권을 제외한 광역자치단체에서 혁신사업 · 전략산업을 육성하기 위하여 규제특례가 적용되는 구역을 말하며, 지역특구법 제75조 제3항 및 제4항에 따라 중소벤처기업부 장관이 지정 · 고시한 구역이다. 이에 따라 2020년 경상북도 안동시는 산업용 헴프 규제자유특구로 지정되어 헴프산업 클러스터를 조성하고 신산업 육성에 힘쓰고 있다.

현재 추진 중인 실증사업은 크게 세 가지다.

① **산업용 헴프 재배**: 고정밀 재배농법 실증을 통해 경제성 있는 재배 모델을 정립하고, 재배 농가로 확산하여 농업과 동반 성장하는 바이오산업을 육성한다. 첫 번째 목표는 스마트팜을 활용한 재배 표준화이다. 저마약성 품종(THC 0.3% 미만; 중소벤처기업부에서 실증특례를 부여할 때 헴프의 기준을 0.3% 미만으로 고시) 기준은 중소벤처기업부 고시에 따라 설정되었으나, 미국 · 캐나다 · EU 등은 0.3% 이하로 규정하고 있다. 이를 통해 고CBD 함유 의료용 헴프 재배 표준을 마련하고자 한다. 두 번째 목표는 안전한 재배환경 조성이다. 마약 성분 통제가 가능한 재배환경을 구축해 GAP 수준의 안전을 확보하고, 스마트팜 재배 시스템 패키지 판매를 실현한다. 이를 위한 세부과제로 「의료용 대마 원료재배 및 생산기술 개발(R&D)」이 추진되고 있다.

② **의약품 제조 · 수출 사업**: CBD 자립화와 해외 시장 진입을 통해 의료 목적 제품 제조 기반을 마련한다. 첫 번째 목표는 고품질 원료의약품 제조 및 수출이다. 고순도 CBD 추출 기술을 확보해 단축 공정으로 CBD Isolate를 생산하고 원

료의약품으로 수출하는 것이다. 두 번째 목표는 완제품 개발이다. CBD 소재 기반 완제품(일반의약품 · 전문의약품)을 개발해 산업화를 실현한다.

(사)한국대마산업협회장인 노중균 박사는 이렇게 설명한다. "대마 관련 산업은 의료 · 바이오 · 화장품 · 섬유 등 다양한 영역에서 성장 가능성을 보이고 있으며, 세계 각국에서는 법 개정과 규제 완화 논의가 활발히 진행되고 있습니다. 또한 '안전한 대마'로 불리는 THC 0.3% 이하 산업용 헴프를 중심으로, 호주 · 콜롬비아 · 태국 · 우루과이 · 스위스 등은 기준치를 1%로 상향하고 있습니다. 한국도 이러한 국제적 추세에 발맞출 필요가 있습니다."

노중균 박사는 산업용 대마 활성화를 위해 다음과 같은 주장을 덧붙인다. ① 과학적 데이터와 국제 동향에 기반한 객관적이고 유연한 정책 설계가 필요하다. ② 의료적 · 산업적 활용 가능성은 충분히 열어두되, 공공안전과 청소년 보호는 강화해야 한다. ③ 단순한 '금지'보다는 규제와 활용의 균형을 맞추는 방향이 바람직하다.

한국은 아직 대마에 대해 신중한 태도를 유지하고 있으나, 세계 흐름에 맞춘 점진적 변화가 필요하다. 국민의 건강과 안전을 지키면서도 미래 산업과 과학기술의 기회를 놓치지 않는 정책이 요구되는 시점이다. '마약'이라는 개념은 단순히 불법 여부를 넘어, 사회의 건강 · 안전 및 국제 기준과도 연결되어 있다.

헴프의 산업화 양상과 전망

노중균 박사는 헴프 산업에 대해 깊은 애정을 가지고 설명한다. 산업용 대마 hemp는 수천 년 동안 섬유, 씨앗, 오일을 위해 재배되어 온 다재다능하면서도 비非정신 활성적인 대마 종이다. 환각 효과가 있는 마리화나와 달리, 산업용 헴프는 THC 함량이 매우 낮아 '하이high(도취 상태)'를 일으키지 않는다. 일반적으로 THC가 0.3% 이하이므로 많은 국가에서 중독성이 있는 마리화나와 법적으로 구

산업용 헴프 재배 상태

분해 관리한다.

노중균 박사가 강조하는 산업용 헴프 산업의 가능성은 크게 네 가지 영역으로 나눌 수 있다.

첫째, 섬유 산업이다. 인피 섬유는 강하고 내구성이 뛰어나 직물, 로프, 종이, 생체 복합재 등에 활용된다. 대마 섬유는 인장 강도와 생분해성으로 주목받으며 합성섬유의 친환경적 대안이 된다.

둘째, 씨앗 산업이다. 대마씨앗은 단백질, 필수 지방산, 비타민, 미네랄이 풍부하다. 씨앗은 건강식품과 보조제, 대마유의 원료로 쓰이며, 오일은 요리 · 화장품 · 윤활제 · 페인트 등 다양한 산업에 활용된다.

셋째, 허드Hurd 산업이다. 줄기의 목질부인 허드는 동물 깔짚, 뿌리덮개, 단열

재, 대마 벽돌 · 콘크리트 같은 건축 자재로 사용된다.

넷째, CBD 산업이다. 산업용 헴프에서 추출한 CBD 오일은 팅크제, 캡슐, 연고, 스킨케어 제품 등 다양한 건강 · 웰빙 제품의 원료가 된다.

그러나 산업용 헴프도 규제 장벽, 가공 인프라 부족, 다른 천연섬유 및 합성섬유와 경쟁해야 하는 과제를 안고 있다. 그럼에도 재배 · 가공 기술과 제품 개발 연구가 지속되면서, 헴프는 점점 더 지속 가능한 농업 및 산업의 핵심 작물로 기대되고 있다.

헴프씨드는 2002년 타임지가 선정한 세계 6대 수퍼푸드 중 하나다. 다만 '대마씨앗'이라는 이유로 오해를 사기도 한다. 실제로 헴프씨드는 껍질(환각 성분이 일부 있는 부분)을 제거한 알맹이로, 식약처의 식품공전에 등록된 안전한 천연 건강식품이다. 단백질, 필수 아미노산, 오메가-3 · 6 · 9 지방산의 황금비율, 풍부한 식이섬유, 각종 미네랄과 비타민을 포함하고 있다.

연구자들에 따르면 헴프씨드의 구체적인 건강 효능은 다음과 같다. ① 불포화지방산과 아르기닌 성분이 혈관을 유연하게 하고 콜레스테롤을 낮춰 심혈관 건강을 돕는다. ② 닭가슴살보다 많은 단백질과 필수 아미노산이 근육 생성과 유지에 유익하다. ③ 풍부한 식이섬유가 장 활동을 촉진하고 변비를 예방한다. ④ 불포화지방산과 미네랄이 피부 건강을 증진하고 염증을 줄인다. ⑤ 필수 아미노산 · 비타민 · 미네랄이 면역력과 뇌 건강에 기여한다. ⑥ 항산화 성분이 세포 노화를 방지하고 염증을 억제한다.

안동은 산업용 헴프 특구로 지정되면서 헴프 관련 사업이 활발히 진행되고 있다. 헴프씨드를 활용한 맥주 · 효소제 · 헴프씨드오일 제품이 개발되어 판매되고 있으며, 일부 식당에서는 안동찜닭에 헴프씨드를 넣어 부가가치를 높이고 있다.

노중균 박사는 국내 종자에 대해 다음과 같이 설명한다. "국내에는 재래종과 청삼이 있습니다. 재래종은 전남 순천, 강원 정선, 경기 파주, 안동 금소리 등 극히 일부 지역에서만 재배되고, 대부분은 농진청에서 개량한 청삼을 심습니다. 청삼은 한국 재래종과 네덜란드 IH3를 교잡해 육종한 품종으로, THC 함량은

0.34%입니다. 반면 재래종은 그 함량이 1.74%로, 국제 기준에 따르면 재래종은 마리화나, 청삼은 헴프로 분류됩니다."

따라서 노중균 박사는 청삼 씨앗 중심의 산업화가 가장 중요하다고 강조한다. 안전한 헴프 제품을 국민들에게 공급해야 대마에 대한 부정적 인식을 불식시킬 수 있고, 그래야 산업화 기반도 마련된다는 것이다.

그는 매년 한국대마산업협회에서 헴프 재배 교육을 진행한다. 농민과 귀농인들이 참여해 재배 허가 절차와 방법을 배우고, 청삼 자성종자를 구입해 재배하면 노중균 박사가 이를 다시 매입해 오일과 헴프너츠로 가공 · 판매한다. 하지만 대마 전용 농기계(파종기 · 수확기) 개발은 수요 부족으로 지지부진했다. 지자체 지원 신청도 번번이 탈락해 아쉬움이 크다고 한다. 그러나 최근 안동시를 중심으로 하여 전국적으로 헴프재배 인구가 증가함에 따라서 전용 농기계에 대한 관심이 커졌다. 안동시와 국가가 지금 전용 농기계를 개발하고 있다.

헴프산업 토론회 포스터

헴프 벽돌

헴프 커피

헴프로 만든 각종 상품

현재 안동시에는 헴프씨드오일, 헴프솔트, 헴프 음료, 헴프 맥주, 헴프케이크, 헴프 된장 등을 생산하는 기업들이 활동 중이다. 또한 안동산 대마를 생산성 높은 현대기술로 개량해 수의壽衣를 만드는 사업도 추진되고 있다. 대마 계약재배를 통해 농가에도 이익이 환원되는 구조가 마련되었고, 전통 안동포와 병행하여 기계화된 개량 안동 삼베가 산업화의 길을 열고 있다.

노중균 박사는 햄프산업의 발전 방향에 대해 마지막으로 이렇게 말한다. "대마는 마약이 아니라 '마약류'에 속합니다. 마약류 관리에 관한 법률에서 마약류는 마약, 향정신성 의약품, 대마로 구분하여 정의하고 있다. 따라서 대마는 마약이 아니라 마약류에 포함된다. 즉, 대마를 무조건 금지 대상으로 볼 것이 아니라, 다양한 활용 가치를 인정하고 제도적 개선을 통해 새로운 산업화의 길을 열어야 합니다." 햄프의 산업화에 대해 정확하게 이해하고 융통성 있는 안목으로 접근할 때 새로운 가능성이 열릴 것이다.

참고문헌

공상희, 『삼베와 섬마纖麻』, 국립민속박물관, 2022.

권두규 · 조규복, 「안동포의 역사」, 『안동 삼베 연구』, 안동대학교박물관, 2002.

권태억, 『한국근대 면업사연구』, 일조각, 1989.

그랜트 매크래켄, 이상률 옮김, 『문화와 소비』, 문예출판사, 1996.

김유민, "안동의 슈퍼푸드, 헴프시드", 『국립경국대신문』 545호, 2025.04.14.

김택규 · 이수건 외, 『영남의 향약』, 경상북도 · 영남대학교, 1994.

김희숙 · 배영동 · 임재해 외, 『경상북도 무형문화재 제1호 안동포짜기』, 안동시, 2019.

노중균, 『산업용 대마(*The Industrial Hemp*)』 (근간)

문옥표, 「'전통'의 생산과 소비: 한복을 중심으로」, 『한국인의 소비와 여가생활』, 한국정신문화연구원, 1997.

민길자 외, 『한국민속종합조사보고서』(직물공예편), 문화재관리국, 1991.

박광숙, 「안동 삼베 직조과정의 특성」, 『안동 삼베 연구』, 안동대학교박물관, 2002.

박기주 · 이우연, 「농촌의 재화가격과 물가의 추이」, 안병직 외, 『맛질의 농민들』, 일조각, 2001.

배영동, 「안동포 전통의 형성과 변화」, 『안동삼베 연구』, 안동대학교박물관, 2002.

______, 「부녀자들의 삼베길쌈 전통의 재창조」, 『까치구멍집 많고 도둑 없는 목현마을』, 한국학술정보(주), 2002.

______, 「안동포 생산과 소비의 전통과 현대적 의미」, 『한국민속학』 37, 한국민속학회, 2003.

______, 「청운마을 삼굿의 원리와 과정」, 『줄당기기와 길쌈이 유명한 청운마을』, 한국학술정보(주), 2004.

______, 「안동포의 근대화와 우월적 가치 확립」, 『아시아문화』 22, 한림대 아시아문화연구소, 2006.

______, 「안동포 길쌈과 삼베옷의 위상」, 『전통과 조화의 큰 마을 금소』, 성심, 2016.

심연옥 · 박원모, 『중요무형문화재 제28호 나주샛골나이』, 국립문화재연구소, 2003.

심연옥 · 금다운, 「삼베짜기 전승현황 및 지역별 특성」, 『한복문화』 19-3, 한복문화학회, 2016.

심연옥, 「곡성 돌실나이」, 『민족문화대백과사전』, 한국학중앙연구원, 2020.
안병직 외, 『맛질의 농민들』, 일조각, 2001.
유희경, 『한국복식문화사』, 교문사, 1981.
이석래 교주, 『풍속가사집風俗歌詞集 -한양가漢陽歌 · 농가월령가農家月令歌-』, 신구문화사, 1974.
이영식, 「정선지역 삼 재배와 삼굿 연구」, 『아시아강원민속학』 33, 강원민속학회, 2020.
이재완, 「지역특산물의 전통과 문화자원화 과정」, 고려대 박사학위논문, 고려대 대학원, 2022.
이동백 글 · 강인순 사진, 「정복영 조교의 베틀 위의 인생」, 『향토문화의 사랑방, 안동』 213, 2024.
이철우, 「안동 삼베 수공업산지의 생산유통체계와 지역분화」, 『한국지역지리학회지』 3-1, 한국지역지리학회, 1997.
이한길, 『삼척의 삼베문화』, 삼척시립박물관, 2010.
임재해 외, 『전통과 조화의 큰 마을 금소』, 성심, 2016.
임형진, 「안동포 길쌈 체계의 우수성」, 『안동포짜기』, 안동시, 2019.
전경수, 「한국박물관의 식민주의적 경험과 민족주의적 실천 및 세계주의적 전망」, 『한국인류학의 성과와 전망』, 집문당, 1998.
조승현, 「전남 삼베 수공업의 존립형태와 지역구조의 변천」, 『호남문화연구』 21, 전남대 호남문화연구소, 1992.
조희진, "안동포", 디지털 안동문화대전, 한국학중앙연구원.
최연우, 「현행 삼베수의의 등장배경 및 확산과정 연구」, 『한복문화』 20-2, 한복문화학회, 2017.
足立丈次郎, 『조선부업지침朝鮮副業指針: 조선부업품공진회총람朝鮮副業品共進會總覽』, 동광사, 1924.
山口 精, 『조선산업지朝鮮産業誌』(상, 중), 조선통감부, 1911.

안 동
문 화
100선

●30

안동포

초판1쇄 발행 2025년 12월 10일

기　　획 한국국학진흥원
글 · 사진 배영동

주간 조승연
편집 · 디자인 오경희 · 조정화 · 오성현
신나래 · 박선주 · 정성희
관리 박정대

펴낸곳 민속원
펴낸이 홍종화
창업 홍기원
출판등록 제1990-000045호
주소 서울 마포구 토정로25길 41(대흥동 337-25)
전화 02) 804-3320, 805-3320, 806-3320(代)
팩스 02) 802-3346
이메일 minsokwon@naver.com
홈페이지 www.minsokwon.com

ISBN 978-89-285-2189-0
S E T 978-89-285-1142-6 04380